KB006208

나는
앱테크로
기적을
만들었다

나는 앱테크로 기적을 만들었다

초판 발행 2020년 12월 10일

지은이 엠찌 **펴낸이** 이성용 **책임편집** 박의성 **책디자인** 책돼지

펴낸곳 빈티지하우스 **주소** 서울시 마포구 양화로11길 46 504호(서교동, 남성빌딩)

전화 02-355-2696 **팩스** 02-6442-2696 **이메일** vintagehouse_book@naver.com

등록 제 2017-000161호 (2017년 6월 15일) **ISBN** 979-11-89249-45-8 13320

아끼고! 벌고! 투자하자!

나는
앱테크로
기적을
만들었다

엠찌 지음

빈티지하우스
VINTAGE HOUSE

목차

푼돈이 목돈 되는 마법을 믿어요

이 책은 하루아침에 살던 집이 경매에 넘어가고 길바닥에 나앉을 위기에 처했던 내가 가계부와 스마트폰 앱테크를 통해 생활비를 270만 원에서 40만 원으로 줄일 수 있었던 방법을 담고 있다. 드라마에서나 나올법한 일들을 겪었고 그 과정에서 4억 원이라는 큰 빚을 지게 되었지만, 가계부를 정비하여 우리 집의 재무 상태를 파악하는 것을 시작으로 생활비 예산을 조금씩 줄여나갔다. 무조건 씀씀이를 줄이고 아끼는 것이 아니라 지출 방어 수단을 활용해서 신나게 쓰면서 절약하는 방법을 고수했다.

그리고 그 바탕에 스마트폰 앱테크가 있었다.

앱테크는 애플리케이션과 재테크의 합성어로 스마트폰 앱을 이용한 재테크를 뜻한다. 4억 원이라는 큰 빚을 지고 가정 경제에 큰 위기가 왔지만, 아직 어린 딸아이가 눈에 밟히는 상황에서 육아휴직을 그만두고 복귀를 할 수는 없었다. 당연히 아르바이트 등 부업도 엄두를 낼수 없었다. 이 상황에서 내 손안에 있는 스마트폰은 나의 유일한 무기가되었다.

앱테크라고 하면 매일같이 해당 애플리케이션을 구동하여 출석체크를 하고 룰렛을 돌리는 좁은 의미의 재테크만을 생각할 수 있지만, 내가 했던 앱테크는 스마트폰을 이용해서 할 수 있는 모든 재테크 방법들을 망라한다. 가계부 작성부터 각종 금융 상품에 가입하는 것도, 안전자산에 소액투자를 할 때도 모두 스마트폰을 활용했다. 앱테크를 시작하기 위해서는 필요한 종잣돈도 없고 특별한 기술을 요구하지도 않는다. 단지, 스마트폰을 사용하고 있다면 누구나 당장 시작할 수 있다.

몇몇 앱테크에는 이벤트성으로 주어지는 혜택들도 있지만 대부분 지속적으로 활용이 가능해 일상 속에서 쉽게 습관으로 정착될 수있을 것이다. 시간이 지남에 따라 일부 바뀌는 내용들이 있을 수 있겠지만 새로운 내용을 즉각 반영하기에는 종이책이라는 한계가 있기 때문에 운영 중인 블로그 '엠찌의 실패없는 재테크 실천법'을 통해 부수적인 정보를 얻으면 좋겠다.

아침에 눈을 뜨고 잠들기 전까지 우리 손에 늘상 들려있는 것이 스마트폰이다. 스마트폰을 재테크에 활용할 수 있는 방법들은 무궁무진하고 내가 마음만 먹으면 눈뜨는 순간부터 잠들기 전까지 나의 일상 자체가 재테크가 될 수 있다. 그저 생활비나 조금 줄여볼까 하고 시작했던 앱테크는 일상의 전부가 되었다. 생활비를 80% 이상 줄였고 한 자릿수이던 저축률도 70%를 유지하고 있다. 또한 매달 30~50만 원의 현금 부수입도 꾸준한 앱테크가 가져다준 결과이다.

이 책을 손에 든 당신은 나처럼 큰 빚을 졌을 수도 있고 코로나 여파로 직장을 잃었을 수도 있다. 그리고 내 주변의 많은 사람들처럼 생활비를 조금이라도 더 아끼려 노력하고 부수입을 얻기 위해 노력하는 사람일 것이다. 모두 나름의 사연을 가지고 돌파구를 찾고자 이 책을 읽게 되었을 것이다. 단기간에 큰돈을 벌 수 있는 해답은 없지만 책의 내용을 그대로 따라 하다 보면 궁상맞지 않게 신나게 쓰면서 절약할 수 있는 현명한 앱테커가 되어 있을 것이다.

끝으로 이 책이 세상에 나올 수 있도록 도와주신 빈티지하우스 출판사, 수강생과 강사의 인연으로 끝나지 않고 멘토가 되어 곁에서 큰 힘이 되어준 똘똘새댁 향언님, 항상 옆에서 좋은 본보기가 되어주는 소중한 나의 머니메이트 경자메 지혜언니, 혜림, 명화, 지예에게도 깊이 감사드린다. 책을 쓰는 내내 바쁜 엄마 곁에서 보채다 울며 잠드는 날이 많았던 하나뿐인 우리 딸 가윤이에게 미안하고 고맙다고 그리고 사랑한다고 전하고 싶다.

PART
1

나의 재테크
HISTORY

1 사채업자의 전화를 받게 될 줄이야

집 앞 부동산에서 다급히 전화가 왔다. 며칠 전부터 우리 집 동 호수를 대며 급매 시세를 묻는 전화가 부동산으로 온다는 것이다. 보통은 평수나 층 정도만 묻는데 정확하게 우리 집 호수를 물어봐서 이상함을 느꼈다고 하셨다. 이후 비슷한 전화가 여러 번 계속되어 발신번호를 찾아보니 대부업체였다고 한다. 청천벽력 같은 이야기에 바로 남편에게 연락을 했다. 남편은 본인이 알아보겠으니 걱정 말라고 했다. 그 일은 그렇게 일단락되는 줄 알았다.

📇 부동산 사장님의 중개 거부

그리고 2년이 흐른 뒤, 우리는 서울에 있는 신혼 집을 팔고 친정 근처로 이사할 준비를 하고 있었다. 신혼 집은 역세권이었고 로열동에 로열층이라 비수기에도 불구하고 집을 보러 오겠다는 연락이 제법 왔다. 하지만 이상하게도 하나같이 약속시간 10분 전에 갑자기 방문이 무산되는 일이 많았다. 이런 일이 몇 번이고 반복되니 신경이 쓰였다. 이사 갈 집을 먼저 계약한 상황이라 더욱 조바심이 났다.

집을 내놓은 부동산 중 한 곳에 전화를 걸었다. 가격을 조정해야 할지 이런저런 조언을 구하려던 참이었다. 그런데 우리 집을 중개하기 어렵겠다는 생각지도 못한 말을 듣게 되었다. 융자가 그렇게 많은데 누가 그 집을 사겠냐며 위험한 물건을 중개하고 싶지 않다고 했다. 은행 주택담보대출이 있기는 했지만 4년 넘게 살며 꼬박꼬박 잘 갚아왔고 대출 잔액 또한 얼마 남겨놓지 않았던 상황이라 이해가 되지 않았다. 무슨 소리냐며 되묻는 나에게 "잘 모르시나 보네요. 남편한테 한번 물어보세요" 하는 답변이 돌아왔다.

심장이 요동치고 손이 떨렸다. 심호흡을 한 번 하고 나이스지키미에 대출 내역을 조회했다. 하늘이 무너지는 것 같았다. 내가 전혀 알지 못하는 대출들이 모니터를 가득 채웠다. 부동산 사장님의 이야기가 생각나 등기부등본도 조회해보았다. 매매가의 90%를 육박하는 금액에 대해 저당권 설정이 되어 있었다. 저당권자는 제3금융권 대부업체였다. 그제야 부동산의 중개 거부를 이해할 수 있었다.

그 이후로 독촉 전화도 등기우편도 자주 받았다. 우편물에는 남편 이름 앞에 매번 '채무자'라는 말이 붙어 있었다. 집을 잠시 비운 동안 집배원 아저씨가 다녀가 등기를 직접 수령하지 못할 때도 있었다. 그쯤 되니 꼭 편지봉투를 뜯어보지 않더라도 무슨 내용일지 짐작이 갔다. 폭염주의보가 내렸던 어느 날, 미수령 등기를 받으러 땡볕에 아기띠를 메고 우체국에 다녀왔다. 땀인지 눈물인지 모를 것들이 얼굴을 타고 흘러내렸다.

하루에 이자만 약 30만 원씩 눈덩이처럼 불어나갔다. 급기야 남편의 입에서 개인회생에 대한 이야기까지 나오기 시작했다. 돌파구를 알아보는 동안에도 시간은 하염없이 흘러갔고 그러던 중 다행히 집을 사겠다는 계약자가 나타났다.

그해 늦여름, 우리는 예정대로 이사를 했다. 이미 계약금과 중도금이 들어간 상태라 계약을 해지할 수도 없었다. 부동산 호황으로 서울

집값이 끝을 모르고 오르던 시기였기에 원래대로라면 평수를 넓혀 이사를 하고 남는 돈으로 수익형 부동산을 하나 더 취득할 계획이었다. 내이름으로 월세를 받는 날이 드디어 오는구나 싶었지만, 그 꿈은 물거품처럼 사라졌다.

💳 BYE 신혼 집, HI 은행 집

신혼 집을 팔고 받은 잔금으로 여기저기 빚잔치를 하고 나니 고작 1,000만 원 정도가 남았다. 거기에 새로 이사갈 집의 잔금을 치르기 위해서는 비상금들을 다 털고도 모자란 돈이 대략 4억 원 정도였다. 정부의 대출 규제로 제1금융권에서는 그렇게 큰돈을 빌릴 수 없었다. 게다가 나는 육아휴직으로 소득이 없던 상황이라 대출이 더욱 힘들었다.

　주어진 시간이 얼마 없었기 때문에 남편과 찢어져서 은행을 돌아다녔다. 남편은 점심시간을 이용해 회사 근처 은행에서 상담을 받았고 나는 아이를 데리고 시중은행이란 시중은행은 모두 상담을 다녔다. 여러 곳을 다니며 알게 된 사실은 같은 은행도 지점마다 담당자마다 대출금리도 대출한도도 다를 수 있다는 점이다. 낮은 금리로 돈을 빌리는 것도 중요하지만 당장은 잔금을 치를 돈이 필요했기 때문에 한도가 가장 많이 나오는 곳을 찾았다. 최대한 많은 곳에 내가 돈이 필요함을 알리는 것이 중요했다. 그러던 중 마침내 우리가 필요한 금액만큼 대출 실행이 가능한 은행을 찾았다. 그렇게 신혼 집과 이별하고 은행 집으로 이사를 하게 되었다.

2 | 우리 집 곳간의 민낯을 보다

연말이면 어김없이 가계부를 샀다. 잔액의 10원 하나만 맞지 않아도 마음이 불편해지는 성격 탓에 항목을 빠뜨리지 않고 열심히 적는 것에만 집중했다. 결산도 없었고 예산도 당연히 없었다. 결혼 전까지는 그 정도로도 나쁘지 않았다.

월급을 받으면 카드대금을 납부했고 일부는 저축을 했고 남은 돈을 내 용돈으로 썼다. 생활비가 모자랐던 적도, 뭐 한 가지 납부해야 할 금액을 연체한 적도 없었다. 그도 그럴 것이 부모님 집에서 함께 살다 보니 살림은 엄마가 꾸려나갔고 따로 생활비가 들지 않았다. 쓰는 돈이 적으니 지출 항목 또한 단순했다. 잔액의 10원 하나 맞지 않는 일이 없었던 것은 어쩌면 너무나 당연한 일이었다. 적은 월급에도 부족함 없이 살 수 있었던 것이 내가 꼼꼼하게 가계부를 쓰며 관리해온 덕분이라는 큰 착각 속에 살아왔다.

가계부를 줄곧 써온 자신감으로 결혼 후에도 돈 관리는 내가 도맡아서 하게 되었다. 연말이면 늘 가계부를 샀고 열심히 작성해보려 했지만, 육아와 살림을 병행하다 보니 가계부 작성을 위한 짬을 내기도 쉽지 않았다. 짬이 나더라도 그 시간을 가계부 작성이 아닌 부족한 수면시간을 보충하는 데 써야 했다. 결국 끝까지 쓰지 못한 가계부가 여러 권 쌓여갔다. 그러면서도 나는 가계부를 꾸준히 쓰고 있는 사람이라며 자기 위안을 했다. 어리석었다.

하지만 4억 원에 가까운 빚이 생기고 나니 이야기가 달라졌다. 고정적으로 나가는 이자 비용을 감당하는 데도 남편 월급의 대부분을 써야 했다. 이 재정위기에서 벗어나야 한다는 간절함과 '새해'라는 시기적인 요소가 맞아떨어져 다시 가계부를 쓰게 했다. 정확히 말하면 대대적인 가계부 개편 작업이었다.

🪪 사백이십팔만사천이백십팔 원

가계부는 그렇게 쓰는 것이 아니었다. 나는 이제껏 가계부를 쓴 것이 아니라 영수증을 수기로 옮겨 적는 일 정도를 자부심을 가지고 지속해왔던 것이다. 그나마도 연초에 잠깐 쓰다가 마는 일이 반복되었으니 아무 것도 하지 않았던 것만 못했다.

마침 '새해'가 되었고 가계부 작성에 대해 백지로 돌아가 처음부터 다시 시작하기로 했다. 제일 먼저 한 일은 우리 집 한 달 예산을 세우는 일이었다. 하지만 생각해보니 우리가 한 달에 생활비로 얼마를 쓰는지 전혀 알지 못했다. 그저 되는 대로 신용카드를 사용했고 때가 되어 카드고지서가 도착하면 결제대금을 납부했다. 월급을 받아 카드 값을 내고 나면 남는 돈이 거의 없었기 때문에 다음 달 생활비도 신용카드를 쓸 수밖에 없었다. 돈을 모으려면 신용카드를 자르고 '선 저축 후 지출'하라는 말이 가소로웠다. 누가 몰라서 하지 못한다는 말인가? 말장난 같지만 신용카드를 써서 돈이 없는 것이 아니라 돈이 없어서 어쩔 수 없이 신용카드를 쓰고 있었다.

처음 생활비 예산을 정하기 위해서는 최소한 직전 3개월의 지출 항목을 살펴보고 평균을 내는 과정이 필요하다고 한다. 하지만 수백 건의 지출 항목을 다 살펴볼 엄두가 나지 않아 직전 한 달 지출 내역만 정리해보고 말았다. 그렇게 계산한 생활비는 정말 믿고 싶지 않은 금액이었다. 한 달간 사용한 금액이 정확히 428만 4,218원. 이제 갓 두 돌이 지난 아기와 우리 부부가 한 달 동안 약 430만 원을 쓴 것이다. 그것도 외벌이가 된 상황에서 말이다.

믿을 수 없는 숫자를 확인하고 한동안 정신을 차리지 못했다. 하지만 놀라움도 잠시, 300만 원 남짓한 남편의 월급으로 그동안 연체 한 번 되지 않고 집안 경제가 굴러가고 있었다는 것이 무서우리만큼 신기했다. 어쩌면 이미 한계치에 도달했고, 더 이상 감당할 수 없는 수준이 되기 직전에 운 좋게 깨달음을 얻은 것일지도 모르겠다.

그동안 한 달에 430만 원을 썼는데 한 달 예산을 얼마로 잡아야 할지 도대체 감이 서질 않았다. 지금의 나에게 예산이라는 것이 의미가 있을까 하는 생각도 들었다. 일단 전체 지출 내역 중 조정이 어려운 '연간비'나 '고정비'에 해당하는 부분들을 제외하여 보기로 했다. 순수하게 변동생활비에 해당하는 항목들만 남기고 다시 계산해보니 대략 270만 원이었다. 그리고 무슨 생각이었는지 모르겠지만 앞도 뒤도 재지 않고 딱 잘라 100만 원으로 다음 달 생활비 목표를 정했다.

그렇게 외벌이 3인 가족 100만 원 한 달 살기를 처음 시작했다.

💳 재야의 고수들에게 내민 도전장!

신혼 초반에 자주 방문하던 온라인 재테크 커뮤니티에서는 '한 달 10만 원 살기'라는 게시판에 재테크의 고수들이 매일 가계부를 인증한다. 처음에는 거부감에 들었다. 내 경우 광역버스로 출퇴근을 했었기 때문에 그 비용만 하더라도 한 달이면 10만 원이 금방 넘는다. 밥도 먹고 차도 마셔야 하는데, 그런데 단돈 10만 원으로 한 달을 산다니? 그것도 2인 가족, 3인 가족이 말이다. 오래전 인기 있는 예능 프로그램이었던 '만 원의 행복'이 떠올랐다. 보통의 사람들은 절대 할 수 없을 것처럼 보이는 10만 원 한 달 살기에 대해 의심까지 생기게 되었다.

하지만 내가 몰랐던 부분이 있었다. 10만 원은 사실 상징적인 금액일 뿐이다. 각자의 가계 상황에 맞게 목표 예산을 설정하고 그 안에서 생활하면 된다. 내가 의아하게 생각했던 대중교통비 같은 경우는 엄연히 구분하자면 '고정지출'에 해당하는 부분이었고, 10만 원으로 한 달 살기에서는 보통 '변동지출'만을 이야기한다. 이것을 감안한다 하더라도 10만 원으로 한 달 살기는 여전히 초고수들만의 영역임은 확실했다.

　다들 각자의 상황에 맞는 예산을 정해놓고 매일 가계부 인증을 한다. 꼭 10만 원이 아니어도 괜찮다지만 100만 원이 넘는 경우는 찾아보기 어려웠다. 그럼에도 재테크 카페의 고수들에게 동기부여도 받고, 혼자 가계부를 쓰다 보면 분명 맞닥뜨릴 현실과의 타협에 대항할 힘을 얻기 위해 나도 이들 틈에 끼어보기로 했다. 하지만 섣불리 100만 원으로 한 달을 살겠다고 선언해버렸다가 실패하게 되면 어쩌나 겁이 났다. 그래서 한 달 결산하는 날까지 가계부를 단 한 번도 인증하지 않았다. 말일에 짜잔! 하고 열어보고 싶어서 지출 항목과 금액만 메모해두었다. 결산하기 전까지 내가 얼마를 썼는지는 나도 알지 못했다.

3 마음 속 담장을 스스로 허물다

나에게 닥친 모든 일들을 알게 되었을 때의 충격과 괴로움은 말로 표현할 수 없었다. 무엇보다 가족에게도 친구에게도 어느 누구에게도 이 상황을 말할 수 없다는 것이 가장 힘들었다. 그때부터 의도적으로 사람들을 멀리하기 시작했다. 다른 이들과 나누는 일상적인 대화가 두려웠다.

나의 일상에는 갑자기 생긴 빚더미 이외에 아무것도 남지 않았었다. 남편이 나 모르게 투자를 했고 사기를 당했다는 사실이 알려지면 나를 조롱할 것만 같아 두려웠다. 동정도 피하고 싶었다. 나의 일상은 몹시 피폐했고 절망적이었다. 신경쇠약에 걸릴 것만 같았다. 당장 내일 무슨 일이 생겨도 전혀 이상하지 않을 것 같은 상태가 계속되었다. 나쁜 일이 일어나지 않은 것은 어쩌면 처리해야 할 일이 너무나 많았기 때문인지도 모르겠다. 잠깐 딴생각을 하면 눈덩이처럼 불어나는 사채 이자에 이내 정신을 차릴 수밖에 없었다.

나에게 왜 이런 일이 생겼는지 분노에 치가 떨리던 어느 날, 거의 2년 만에 온라인 재테크 커뮤니티를 찾았다. 카페는 여전히 활기찼다. 그곳에 있던 모두가 나름의 스토리를 가지고 이 카페에 입성하게 되었을 것이다. 각자의 자리에서 매 순간을 값지게 살고 있는 사람들을 보며 나의 일상에 대해서도 '기대'라는 것을 갖게 된 것 같다. 어쩌면 지금의 상황에서 벗어날 수 있을지도 모른다는 실낱같은 희망이 생겼다.

흡사 가상현실 세계에 들어온 것 같다고 해야 할까? 카페 안에서 나는 빚에 시달리고 독촉 우편에 힘들어하던 내가 아니었다. 카페 안에서 쏟아져나오는 엄청난 재테크 정보와 사람 사는 이야기에 푹 빠져 나의 일상도 변해갔다. 아이가 잠이 들고서야 비소로 주어지는 내 시간의 대부분을 카페에 할애했다. 그렇게 한동안 컴퓨터 앞에서 동이 트는 것을 보았다.

가계부 게시판을 통해 고스란히 드러나는 사람들의 일상을 마주하는 것이 좋았다. 그들의 재테크 노하우까지 배워갈 수 있으니 금상첨화였다. 서툴지만 그들의 노하우를 하나하나 따라 하기 시작했다. 시간을 들여 푼돈이라도 벌 수 있다면 당장 시작하지 않을 이유가 없었다.

앱테크에는 과거부터 조금씩 발을 담그고 있었지만 부수입을 얻을 수 있는 방법이 그렇게 많은 줄은 처음 알았다. 조금씩 쌓여가는 통장 잔고에 힘든 일상은 이미 머릿속에서 지워진 지 오래였다. 반년 넘게 인간관계도 모두 차단하고 스스로 쌓아 올린 담장을 이제 막 허물어 내려는 찰나였다.

4 한 달 270만 원을 쓰던 여자가 나타났다

한 달 생활비 430만 원에서 가지치기를 하고 또 해서 겨우 줄인 금액은 270만 원이었다. 앞으로 한 달은 100만 원으로 살겠다는 출사표를 던 졌고, 오지 않을 것 같던 첫 결산일이 돌아왔다.

그날은 수능시험 날보다, 결혼식 신부 입장하던 순간보다 더 떨 렸다. 마트에 장을 보러 갔다가 남편이 카트에 담은 과자를 슬그머니 제 자리에 가져다 놓았던 일이 머리를 스쳤다. 떨어지기 전에 미리 구입해 야 했던 아이의 우유를 할인쿠폰을 받아서 사겠다고 버티다 당장 마실 우유가 없어 급히 편의점에 다녀왔던 에피소드도 생각났다. 나의 절약 생활이 과연 가족 구성원 모두가 희생할 만큼의 가치가 있는 일인지 회 의감이 들었다.

한 달 생활비 예산도 없이 소비하던 과거보다는 느낌상 적게 쓴 것 같았지만 목표치인 100만 원은 훌쩍 넘을 것 같아 제대로 계산을 하지 못하고 머뭇거렸다. 실패로 인해 시작하기 전보다 더 큰 상처를 입을 것이 두려웠다. 실패는 실패였다. 총지출은 정확히 102만 5,719원. 목표보다 2만 5,000원 가량을 초과지출했다.

마이너스에 그렇게 기뻐했던 적은 처음이었다. 모두 잠든 새벽에 혼자 기쁨을 주체하지 못하고 발만 동동 굴렀다. 그리고 1년 같았던 한 달의 이야기를 카페에 올렸다.

'270만 원으로 한 달 살던 여자가 나타났다.'

이 글로 재테크 카페에서 처음으로 나의 존재감을 강하게 어필할 수 있었다. 일종의 신고식이었다. 많은 사람들이 '엠찌'라고 하면 270만 원을 떠올렸다.

생활비를 줄이고 대출도 갚고 노후자금도 마련하며 재테크에 성공하고 싶었다. 하지만 월급날이 되면 통장을 스치듯 자동으로 로그아웃되는 월급을 바라보며 어떤 시도를 해보기는커녕 점점 비관적으

로 변해가는 스스로를 마주했을지도 모른다. 누구나 그랬을 것이고 나
또한 그랬다. 그런 이들에게 '엠찌도 하는데'라는 희망과 가능성을 심어
주고 싶었다. 나는 이렇게 조금씩 나아가고 있다고, 날것 그대로의 우리
집 재정 상황을 오픈하면서까지 끊임없이 이야기했다.

PART
2

실패 없는
가계부 재테크

1 나에게 맞는 가계부 작성법

가계부는 다양한 형태로 존재한다. 수기 가계부와 엑셀 가계부 그리고 스마트폰 앱을 이용하는 모바일 가계부 등이 있다. 어떤 가계부가 좋고 나쁜지에 대한 정답은 없다. 각각의 장단점을 잘 파악하고 나에게 맞는 가계부를 고르는 것이 가장 좋은 방법이며, 꼭 한 가지 형태의 가계부만 고수할 필요도 없다.

내 경우 쓰임새는 다르지만 수기 가계부, 엑셀 가계부, 모바일 가계부까지 모두 사용하고 있다. 나에게 맞고 내가 잘 쓸 수 있는 가계부가 결국 가장 좋은 가계부이다.

🔲 엄마의 가계부, 딸의 가계부

가계부라고 하면 먼저 떠오르는 이미지는 대부분 책으로 된 수기 가계부의 모습일 것이다. 부엌 한 켠에서 계산기를 두드리며 가계부를 적던 엄마의 모습도 떠오르고, 영수증을 꼼꼼히 살펴보고 가계부에 예쁘게 붙여놓는 새댁의 모습도 떠오른다.

과거에는 가계부라는 말이 곧 수기 가계부 그 자체를 의미했을 것이다. 직접 손으로 적는 방식이기 때문에 가장 효과가 좋고 성취감 또한 크게 느낄 수 있다. 언제나 쉽게 꺼내서 쓸 수 있지만 휴대성은 떨어진다. 보통은 인쇄가 되어서 나오기 때문에 구성이나 항목 등을 내 입맛에 맞게 고칠 수도 없다. 은행 등에서 무료로 배포하는 수기 가계부를 받지 않는 이상 매년 돈을 주고 구매해야 한다는 단점도 있다.

최근에는 PDF 형태의 수기 가계부가 많이 보급되어 태블릿을 이용해서 작성할 수도 있다. 수기로 쓸 수 있으면서 동시에 휴대성도 뛰어나다. 내가 원하는 대로 구성하면 되기 때문에 기존의 수기 가계부의 단점을 보완했다는 평가를 받는다.

태블릿 기기를 구매해야 한다는 비용적인 부담이 존재할 수도 있지만, 가계부를 위해 태블릿을 구매하는 사람들보다는 이미 태블릿을 소지하여 잘 활용하고 있는 사람들 사이에서 PDF 가계부가 쓰이기 때문에 충분히 상쇄될 수 있는 단점이라고 생각한다.

그 옛날 부모님 세대가 쓰던 금전출납부 형식의 수기 가계부와 대학생 딸이 쓰는 태블릿 PDF 가계부가 공존하는 지금이다.

💳 내 손에서 떨어지지 않는 가계부

요즘 등장한 모바일 가계부는 편리하다는 것이 가장 큰 장점이다. 스마트폰만 있다면 따로 가계부를 소지할 필요도 없고 언제 어디서나 기록하고 수정하는 것이 가능하다. 스마트폰의 카드승인 문자메시지를 그대로 불러오기 때문에 기록하는 수고로움도 어느 정도는 덜어준다. 항목별로 알아서 통계 그래프를 만들어주며 과소비를 할 때면 뼈 때리는 메시지를 던져주기도 한다. 지출 건이 기록하는 것을 번거롭게 여기는 성격이라면 모바일 가계부를 추천한다. 다양한 형태의 앱이 존재하기 때문에 내 입맛에 맞는 가계부를 선택할 수 있는 범위가 넓은 편이다.

하지만 단순히 지출 기록 수단으로 전락할 가능성 또한 존재한다. 카드승인 내역을 문자메시지 기반으로 통계를 내기 때문에 데이터의 오차를 감안해야 한다. 이를테면 ○○백화점 푸드코트에서 식사를 했는데 카드승인 문구에 '○○백화점'이 들어가 있다는 이유로 식비가

▲ 삼성페이-페이플래너

아닌 쇼핑 항목으로 분류되는 경우이다. 여러 명 중 내가 대표로 카드결제를 하고 각자 송금을 해주었다고 했을 경우에도 모바일 가계부에는 일단 내가 카드를 사용한 전체 금액을 지출로 인식한다. 자동으로 불러와주는 기능만 믿고 있다가는 과도한 지출액에 깜짝 놀랄 수 있으니 주의해야 한다. 이러한 몇 가지 경우들만 유의해서 기록한다면 모바일 가계부는 굉장히 편리하게 쓸 수 있다.

특히 가계부를 처음 작성하는 초보일수록 사용하기 쉬운 모바일 가계부부터 시작하는 것도 하나의 팁이 될 수 있다. 아이가 어릴수록 엄마는 자기 시간을 갖기 어렵다. 나의 경우 아기띠를 해 낮잠을 재우고 두 손의 자유를 얻으면 그 틈을 타 스마트폰으로 장을 보고 가계부 앱을 실행하여 그날 지출을 기록했다.

스마트폰만 있으면 못할 것이 없었다. 내 손에서 절대 떨어지지 않는 가계부였다.

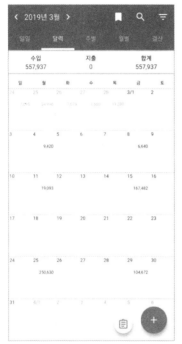

▲ 대출잔액 관리용으로 가계부 앱을 사용하는 예시(편한가계부)

▭ A부터 Z까지 맞춤 가계부

엑셀 가계부는 내 입맛에 맞춰 A부터 Z까지 구성할 수 있다는 것이 가장 큰 장점이다. 합계나 평균 정도의 간단한 수식만 사용해도 계산하기 편리하고 한눈에 볼 수 있도록 정리하는 것도 쉽다. 숫자가 틀리거나 내용이 누락되어도 쉽게 수정할 수 있다. 통계도 간편하고 월간, 연간 데이터를 쌓아가며 비교하기에도 용이하다. 하지만 아무리 단순한 계산식이라 하더라도 엑셀 프로그램 자체를 다룰 줄 알아야 한다는 약간의 진입장벽이 존재한다. 또 가계부를 쓸 때마다 컴퓨터나 노트북 앞에 앉아야 한다는 것도 불편할 수 있다.

최근에는 스마트폰에서도 엑셀과 같은 생산성 프로그램을 PC에 가까운 수준으로 구현할 수 있고 데이터끼리 연동도 가능해서 밖에서는 스마트폰을 이용해 엑셀 가계부를 기록하고 집이나 사무실에서는 PC 버전으로 이어서 기록하는 것이 가능하다.

▭ 초보자를 위한 카드고지서 가계부

가계부는 본인이 사용하기 편한 것을 고르는 것이 좋다. 누가 쓴다고 해서 따라 쓰면 끝까지 완주할 가능성도 적고 아마 더 좋아 보이는 가계부를 발견하면 바로 갈아타게 될 것이다.

가계부는커녕 용돈 기입장조차 한 번도 써본 적이 없어, 어디서부터 어떻게 시작해야 할지 막막한 초보자라면 '카드고지서 가계부'를 추천한다. 엄밀히 말하면 가계부를 작성하는 것은 아니지만 가계부의 결산과정에 준하는 것을 함으로써 나의 지출현황을 대략적으로 체크하는 것이 가능하다.

카드고지서와 색 볼펜 혹은 형광펜만 있으면 준비는 끝난다. 먼저 카드고지서를 펼쳐놓고 의, 식, 주 항목으로 구분해 각각 다른 색으로 표시한다. 교통비나 취미비 등 추가로 필요한 항목이 있다면 하나 정도는 더 추가해도 좋다. 다만 항목을 너무 많이 추가하게 되면 그냥 가계부를 작성하는 것과 크게 다를 것이 없다. 카드고지서 가계부의 핵심은 항목을 단순화하는 것임을 잊지 말자.

'의' 항목에는 정말 의류비만 포함하는 것이 아니라 미용실, 화장품 등 꾸밈비도 포함한다. 세탁이나 수선비도 포함할 수 있다. '주' 항

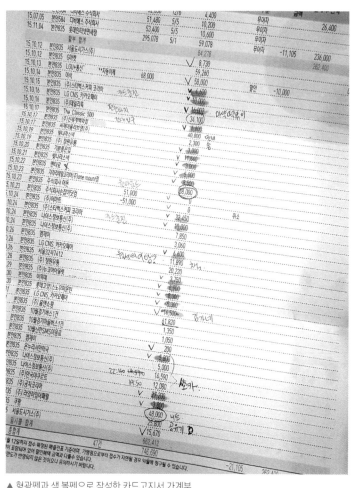

▲ 형광펜과 색 볼펜으로 작성한 카드고지서 가계부

목에는 생활용품이나 가전/가구 구입비, 병원비도 여기에 넣었다. 내 경우 교통비 항목만 추가했다. 의식주 항목의 합계를 고지서 여백에 적고 초과지출한 부분에 표시를 한다.

이 정도만 해도 내가 지난달에 어디에 얼마의 돈을 썼는지, 과소비한 부분은 어디인지 알 수 있다. 3개월 정도 카드고지서 가계부 작성을 통해 본인의 소비 패턴을 파악하고 본격적으로 가계부를 작성하는 것도 나쁘지 않다. 한 달에 하루만 시간을 내서 구분하면 되니 심리적인 부담도 덜하다.

2 당신의 가계부가 매번 실패한 이유

서점 특유의 분위기는 언제나 나를 기분 좋게 만들어준다. 찬바람이 불기 시작하면 서가에 모습을 드러내는 가계부는 더욱이 그랬다. 올해도 어김없이 가계부를 구매한다. 가계부를 구매하는 것만으로도 이미 부자의 길에 한 걸음 다가간 것 같은 기분이다. 작년에 사놓은 가계부도 뒷부분은 새것이나 마찬가지라는 사실이 마음에 걸리지만, 앞으로의 다짐을 장황하게 늘어놓으며 스스로 합리화를 시킨다. 이렇게 몇 해가 반복된다.

📇 일주일에 한 번 쓰기

가계부를 생각하면 어린 시절 방학숙제로 쓰던 일기가 떠오른다. 매일 써야 한다는 것을 알지만 꼭 개학이 임박해서야 밀린 일기를 쓰게 된다. 날씨가 어땠는지 들으면 지난 날들을 떠올리는 데 도움이 될까 싶어 기상청 131로 전화를 걸어보기도 했지만 이내 한계에 달하고 만다. 숙제는 해야 했기에 조금씩 지어내면서 일기도 아니고 소설도 아닌 것을 제출한다.

나에게 가계부도 그런 대상이었다. 몇 번 미루기 시작하면 결국 나중에 몰아서 써야 하는 일이 생기는데 언제 뭘 했는지 도무지 기억이 나지 않는다. 문자메시지와 카드사 앱의 승인전표를 보며 조금씩 기억을 더듬어보기도 하지만 가계부를 적지 않는다고 혼내는 담임선생님이 계신 것도 아니기에 결국 가계부를 덮어버리고 만다.

가계부를 일기처럼 생각하는 것이야말로 가계부 작성의 실패로 가는 지름길이다. 매일 쓰는 것이 좋지만 일기를 쓰듯 하루도 빠짐없이 써야 한다는 강박감이 결국 가계부에 흥미를 잃게 만든다. 본인의 패턴에 따라 2~3일에 한 번씩 쓰거나 요일을 정해놓고 일주일에 한 번, 혹은 주말에 몰아서 써도 괜찮다. 요즘은 스마트폰 문자에 지출 내역 남기 때문에 자기 전 앱 가계부에 자동으로 기록된 항목들을 훑어보며 나중에 알아볼 수 있도록 간단히 메모만 해두면 오랜 시간 들이지 않고 일주일

치 가계부를 쓸 수 있다. 가계부는 태생부터 일기와는 다르다. 하루도 빠짐없이 쓰는 것이 아니라 꾸준히 써야 그 가치가 빛을 발한다는 것을 꼭 기억하자.

🖳 작심 칠일도 괜찮아 : 주계부 쓰기

보통 가계부를 한 달 단위로 써야 한다고 생각하지만, 월 단위 가계부가 부담스럽다면 주 단위로 끊어서 작성하는 것도 괜찮다.

한 달 예산이 100만 원이었다면 예산을 25만 원씩 쪼개 주 단위로 설정하고 결산도 일주일에 한 번씩 진행한다. 주간 예산 대비 주간 지출이 바로 나타나기 때문에 보완해야 할 점을 바로 반영할 수 있고 성과 또한 바로 나타난다는 장점도 있다. 중도 포기하지 않고 일주일 동안 완주에 성공했다는 사실만으로도 성취감이 매우 커져 다음 주 가계부 작성에 힘이 되어준다.

내 경우 월 단위 가계부를 작성하기도 하지만 주간결산과 월간결산도 동시에 한다. 매주 결산을 하면 예산을 초과하지 않도록 밸런스를 맞추어주는 효과가 있다.

	1주	2주	3주	4주	5주			
	2/25~3/1	3/2~3/8	3/9~3/15	3/16~3/22	3/23~3/24	결산	전월결산	전월대비
식비 (장보기, 간식)	82,760	20,800	50,730	60,290	-	214,580	119,244	95,336
외식 (식당, 카페)	28,652	39,615	17,750	-	-	86,017	34,304	51,713
생활용품	-	-	21,360	2,770	-	24,130	42,390	-18,260
의류미용	-	-	-	-	-	-	11,600	-11,600
뽕뽕 (아기용품 전체)	22,344	-	38,706	-	-	61,050	35,153	25,897
문화생활비	-	-	-	-	-	-	-	-
합계	133,756	60,415	128,546	63,060	-	385,777		

▲ 매주 일요일 주간결산 : 주를 거듭할 때마다 많이 쓰고 적게 쓰는 패턴이 반복되는 것을 볼 수 있다

📇 미래의 나에게 대파값을 알려주다

가계부를 쓰다가 지치는 이유 중 하나가 쓸 내용이 너무 많다는 것이었다. 나같은 경우에는 대형마트에서 장을 보고 오면 구입한 상품을 하나씩 쪼개서 가계부에 기록했다. 꾸준히 쓰는 것이 가계부의 핵심이라고 했는데 이렇게 쓰다 보니 자꾸만 지치고 포기하고 싶어졌다. 하루만 가계부를 빼먹어도 옮겨 적는 데 한참이 걸렸다. 그러다 보니 가계부의 칸이 너무 부족한 것이 늘 불만이었고 지출 내역을 기록할 수 있는 칸이 얼마나 넓고 많은지가 가계부를 고르는 첫 번째 조건이 되었다. 필요할 때 결제 내역을 찾아보면 될 것을 뭐하러 시간을 들여가며 가계부에 옮겨 적고 있는 것인지 스스로가 한심하다는 생각이 들기 시작하면서 결국 가계부 쓰는 것을 포기하게 된다.

우리가 가계부를 작성하는 것은 우리 가계의 현금흐름, 즉 전체 지출액 중 식비가 차지하는 비중이 얼마인지 혹은 교육비가 차지하는 비중이 얼마인지를 알기 위함이다. 식재료 각각의 가격이 중요했다면 앞서 카드고지서 가계부를 소개하지 않았을 것이다. 과거의 내가 마트에 다녀와 열네 줄의 가계부를 적고 얻은 것은 몇 년 전 대파 한 단 가격

▲ 공간이 부족할 수밖에 없었던 과거의 가계부 작성 예시

이 1,680원이었다는 사실 그뿐이었다. 그래도 대파의 가격을 남기고 싶다면 영수증으로 갈음하거나 따로 기록하자. 나의 경우 수기 가계부에는 간단하게 기록하고 세부내용은 엑셀 가계부나 가계부 앱 비고란에 적는다.

🖩 보고 싶지 않던 성적표

가계부를 쓰기 시작한 지가 어느덧 15년 가까이 되었다. 카드고지서 가계부부터 시작해서 앞서 소개했던 가계부를 종류별로 다 써보았지만 정작 내가 어디에 얼마를 쓰고 있는지 전혀 알지 못했다. 학창시절 들춰보기 싫은 성적표를 구석에 숨겨놓듯 '결산'이라는 과정을 건너뛰었기 때문이다. 혹 과소비를 하지는 않았을까, 저축을 얼마 하지 못한 것은 아닐까 하는 걱정에 애써 회피했었다. 그 큰 수들과 마주한다는 것이 겁났다.

어쩌면 내가 이미 우리 가계의 수입을 훨씬 넘어선 지출을 하고 있었음을 알고 있었던 것일지도 모르겠다. 하지만 결산의 과정을 거치고 나야 비로소 문제점이 보이고 문제점을 보완할 수 있는 해결책도 세울 수 있다. 예산과 결산의 과정이 없이는 아무리 하루도 빠지지 않고 가계부를 적는다 한들 지출 기록장을 작성하는 것 그 이상도 그 이하도 아닌 것이 된다.

가계부를 십수 년 써왔지만 한 번도 하지 않았던 예산 세우기와 결산하기를 처음으로 시작했다. 100만 원이라는 예산 안에서 생활하는 것에는 비록 실패했지만 한 달만에 생활비는 60% 이상 감소했다. 그다음 달에는 예산의 절반 이상을 남기게 되었다.

가계부를 오래 써왔지만 아무런 변화가 없었다면 들춰 보기 싫었던 성적표를 숨겨놓듯 애써 예산과 결산의 과정을 피했던 것은 아닌지 생각해보자.

3 가계부를 쓰고 달라진 것들

잔액사수 게임

예산과 결산을 수행하며 게임에는 별다른 흥미가 없었던 내가 마치 게임중독자가 된 듯했다. 예산을 정해놓고 그 안에서 생활하는 것이 마치 게임처럼 느껴졌기 때문이다. 이겨도 아무것도 없는 잔액사수 게임에서 꼭 이기고 싶었다. 예산을 초과하고 목표달성에 실패한다고 해서 무슨 일이 일어나는 것도 아니었다. 반대로 성공한다고 해서 누가 상을 주는 것도 아니었다. 하지만 한 번 성공을 맛보고 나니 그 짜릿함이 어느 중독에 비할 바가 못 되었다.

나는 절약생활을 하는 우리가 전쟁터에 나와 있다고 생각한다. '돈'이 결부된 자본주의의 현실은 흡사 전쟁과도 같은 '게임'이다. 아군도 적군도 없이 우리의 유일한 상대는 그저 돈이었고 우리의 미션은 생활비 잔액을 사수하는 것이다. 승자가 있는 것도 아니고, 패자가 있는 것도 아니니 누군가를 밟고 일어서야 하는 서바이벌 게임도 아니었다. 다 같이 으쌰으쌰하고 함께 성공하면 더 좋은 완벽한 게임이다. 이렇게 생각하니 하루하루가 흥미롭고 내일이 기대되었다. 좋은 건 함께 나누고 부족한 것은 서로 도왔다. 마음에 커다란 벽을 세워놓고 세상과 단절되어 있었던 나의 모습은 어디에도 없었다.

그럼에도 불구하고 절대 잊지 말아야 할 것이 하나 있다. 재테크의 목적은 바로 '행복'이라는 것이다. 부자가 되고 싶고 돈을 많이 모으고 싶다면 왜 그렇게 되고 싶은지 좀 더 구체적으로 생각해보자. 단지 막연하게 1억을 모으고 싶다, 10억을 모으고 싶다 하는 목표만 있을 뿐, 궁극적인 목적을 찾지 못한다면 이 잔액사수 게임에서 매번 승리하고 생활비가 줄어드는 마법, 종잣돈이 불어나는 마법을 겪더라도 왠지 모를 공허함이 남아 있을 것이다.

마음먹기에 달려 있다는 것을 몸소 느낀 1년이었다. 마음이 먹어지지 않는다면 마인드 컨트롤이라도 해야 한다. 사채 이자에 허덕여

보기도 하고 우리 가족의 보금자리인 집을 잃을 뻔한 위기를 겪었지만 뚜렷한 목적을 두고 한 단계씩 달성해가다 보니 쉽게 극복할 수 있었다. 우리의 재테크 목적은 언제나 정서적인 행복을 향해 있어야 한다는 것을 절대 잊지 말자.

🗂 소비의 관성을 이기다

관성은 모든 물체가 자기의 성질을 그대로 유지하려 한다는 자연법칙이다. 그런데 인간의 모든 행위에도 일종의 관성이 존재한다. 소비 또한 마찬가지이다. 그래서 돈을 쓰던 사람은 계속해서 돈을 쓰려고 하는 경향이 있는 것이다.

100만 원짜리 옷을 한 벌 사는 사람과 1만 원짜리 옷을 100벌 사는 사람을 비교해보자. 얼핏 보기엔 100만 원이라는 거금을 들여 옷을 사는 사람이 사치를 하는 것처럼 보일 수 있지만, 소비의 관성적인 측면에서 주의해야 할 사람은 후자이다. 내가 바로 그런 사람이었다.

나의 과거 지출 패턴을 보면 90% 이상이 5만 원 미만의 비교적 적은 금액들로 이루어져 있었다. 남들처럼 명품을 사는 것도 아니었다. 고작 1~2만 원짜리 물건을 구매하는 경우가 대부분이었고, 그마저도 필요에 의해서 구매하는 필수 소비였다며 합리화시켰다. 금액이 적다는 이유로 소비하는 행위 자체에 대해 매우 관대했고, 이는 실제 지출로까지 이어지는 시간을 매우 짧게 단축시켰다. 쉽게 말해 얼마 안 되는 돈이니 큰 고민 없이 쉽게쉽게 썼다는 것이다.

이런 나에게 '정해진 예산'이라는 장치는 짧은 시간에 가시적인 효과를 가져다줬다. 100만 원에서 시작했던 한 달 생활비는 두 달 만에 8분의 1 수준인 49만 9,370원까지 줄어들었다. 갑자기 소비 규모를 줄이는 것이 쉬운 일은 아니었다. 소비의 관성이 크게 작용했던 내가 아무리 노력했다 한들 씀씀이를 확 줄이는 것은 어려웠다. 더군다나 어린아이를 키우다 보니 생활비를 무작정 아끼기만 할 수도 없는 노릇이었다.

결국 내가 찾은 생활비 절약 방법은 무조건 줄이는 것이 아닌 각종 지출 방어 수단을 활용해 실지출을 줄이는 것이었다.

씀씀이를 줄이고 신용카드 대신 현금이나 체크카드를 사용하고 '선 저축 후 지출'해야 돈을 모을 수 있다는 말에 반기를 들 수 있는 사람은 많지 않다. 하지만 우리가 실제 가계 살림에 이 원칙을 적용시키려 하면 여기저기서 돌발 변수가 계속 튀어나오게 된다. 신용카드 사용을 줄이겠다고 다짐을 한 그 달에 하필 계획에 없던 돌발지출이 생기고, 선 저축 후 지출을 실행하겠다고 적금을 가입한 지 몇 달 지나지 않아 생활비 부족으로 적금을 중도해지해본 경험은 누구나 겪어보았을 것이다. 단순히 아끼는 것만으로 생활비를 이 정도로 줄였다면 내 이야기를 굳이 책으로 내지도 않았을 것이다. 하지만 궁하면 변하고 변하면 통한다고 방법을 찾고자 하면 생활비를 아낄 수 있는 방법을 찾을 수 있었다. 이런 나도 할 수 있었기 때문에 누구나 할 수 있다는 이야기를 꼭 전하고 싶었다.

💳 270만 원에서 40만 원까지

생활비 270만 원에서 시작하며 처음 설정했던 예산은 한 달 100만 원. 결과적으로는 실패했지만 실패했던 첫 번째 한 달 살기의 생활비 지출액도 이미 270만 원에서 약 63%를 줄인 금액이었다. 실패 아닌 실패를 디딤돌 삼아 같은 금액으로 두 번째 한 달 살기를 시작했다. 그리고 50만 원도 되지 않는 금액으로 한 달 살기를 마무리했다. 매일매일이 즐거

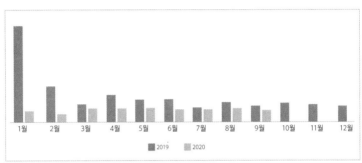

	1월	2월	3월	4월	5월	6월	7월	8월	9월	10월	11월	12월
2019년	2,701,947	1,025,719	499,370	768,737	632,647	648,425	513,456	559,967	465,381	534,997	489,435	448,880
2020년	306,133	242,691	385,777	385,752	389,280	351,119	353,864	394,622	332,678	-	-	-

▲ 2019-2020년 변동생활비 변화

웠다. 오늘은 또 얼마짜리 물건을 얼마에 샀는지, 앱테크를 통해 얼마의 현금을 얻었는지 기록하고 카페에서 소통하다 보니 금세 한 달이 지나갔다.

한때는 절대 들춰보고 싶지 않은 성적표였지만 이제는 한 달을 시작하는 첫날부터 결산일이 기다려졌다. 예산에서 얼마나 남길지 설레는 마음으로 한 달을 살았다. 그저 그렇게 지나가는 한 달이 아닌 의미 있는 하루하루가 모여서 이뤄낸 한 달이었다.

성공을 거듭하면서 생활비 예산을 점차 줄여나가기 시작했다. 처음 100만 원에서 20%를 줄이고 다시 10%를 줄였다. 생활비 잔액이 좀 적었던 달에는 다음 달에도 동일한 예산으로 한 달 살기를 더 진행했다. 그렇게 80만 원으로, 72만 원으로, 다음엔 65만 원, 60만 원, 55만 원, 50만 원, 48만 원, 45만 원을 거쳐 지금의 40만 원까지 오게 되었다. 정말 신기한 것은 예산을 줄이면 또 줄인 대로 살아지더라는 것이었다. 예산 수립과 결산이라는 녀석이 가진 무서운 힘이다.

💳 강아지가 수술이라도 하게 되면 어떡해?

한 달 동안 사용하고 남은 생활비의 잔액은 이월시키거나 부수입으로 잡지 않고 무조건 대출 중도상환을 한다는 것이 현재까지 지켜지고 있는 우리 집 가계부 제1의 원칙이다. 가계부를 쓰고 처음으로 남긴 잔액은 예산의 절반인 약 50만 원이었다. 대출을 갚기로 했지만 제법 오랜만에 손에 쥐어보는 현금을 모두 원금상환에 쓰기가 아까웠다. 현금 여력이 부족해 신용카드를 쓰고 월급을 받아 카드대금을 납부하면 남는 현금이 없어 또 신용카드를 쓰던 과거 악순환의 고리를 끊고 싶었다.

결혼 첫해, 키우던 강아지가 예기치 못한 사고로 큰 수술을 하게 된 일이 있었다. 수술과 입원, 각종 검사비로 큰돈이 들었고 당시 나의 월급을 훨씬 넘는 금액을 동물병원에서 지출해야 했다. 다행히 비상금을 이용해 생활비에 무리를 주지 않는 선에서 잘 마무리되었지만, 만약 비상금이 없었다면 어땠을지 지금 생각만 해도 아찔하다.

비단 강아지 이야기만은 아니다. 살면서 맞닥뜨리게 될 예기치 못한 여러 일들이 경우에 따라서는 큰 지출을 유발할 수도 있다. 이런 예측 불가한 미래를 위해 비상금을 마련해두는 것이 반드시 필요하다.

사람마다 다르지만 보통 전문가들은 적어도 한 달 생활비의 2~3배 금액을 비상금 통장에 보유할 것을 추천한다. 이 비상금 통장에는 저수지에 물을 모아놓듯 비상시에 사용할 수 있는 여유자금을 모아놓고 긴급자금이 필요할 때 이용한다고 해서 '저수지 통장'이라고도 부른다.

가능하면 저수지의 물이 찰방찰방한 수준을 유지하도록 노력했었고 전문가들이 권장하는 생활비의 2~3배 수준에는 미치지 못했지만 그래도 비상금 덕분에 반려견의 수술비를 충당할 수 있었다. 하지만 남편의 투자 실패로 가계 재정 상황은 급격히 악화되었고 당장 쓸 생활비가 부족한 일이 빈번했다. 다시 조금씩이라도 비상금을 마련해야만 했던 이유였다.

큰 금액은 아니었지만 생활비 잔액으로 처음 손에 쥐게 된 약 50만 원의 현금 중 절반인 25만 원을 저수지 통장에 넣는 것을 시작으로 다시 저수지에 물꼬를 트기로 했다. 단돈 25만 원으로 시작했던 이 저수지 통장은 현재까지 높은 수위를 유지시키고 있다.

플러스팁

비상금 통장으로 활용할 수 있는 상품

비상금 통장은 말 그대로 필요할 때 바로 현금화가 가능해야 한다. 금리가 높다는 이유로 예금이나 적금 상품으로 비상금을 운용하려고 한다면 유사시 상품을 중도해지해야 하는 일이 발생한다. 예·적금 상품은 사전에 정한 금액을 사전에 정한 기간 동안 예치하기로 은행과 약정을 맺은 것이다. 비상시 중도해지를 하게 되면 약속을 지키지 않은 대가로 은행에서는 사전에 약속한 이자를 지급하지 않는다. 그렇다고 자유입출금 통장에 비상금을 보관하면 자유로운 입출금이 가능한 대신 금리가 매우 낮다. 은행의 자유입출금 통장은 보통 연 0.1%(세전) 수준의 금리를 제공한다. 비상금은 투자의 개념이 아니기 때문에 굳이 고금리 상품을 고집해야 할 필요는 없지만, 이왕이면 금리가 높은 것이 좋지 않겠는가.

자유로운 입출금과 0.1%보다는 높은 금리 두 마리 토끼를 다 잡기 위해 증권사의 종합자산관리 통장인 CMA 통장이나 시중은행의 파킹 통장이 많이 거론된다.

(1) SK증권 마이피그 (CMA)

▲ 신규개설 시 1만 원 상당의 혜택과 매일같이 이자를 지급한다

· SK증권의 CMA(종합자산관리 통장) 통장이다.

· 신규개설 시 10,000원 상당의 혜택을 제공한다. (OK캐시백 10,000P
  / 스타벅스 커피 2잔)

· 예금자보호가 되지 않는 것이 단점이다.

· 금리는 2020년 8월 22일 기준 연 0.5%(세전)이며 일 단위로 이자금
  액을 산정해 월별로 지급하는 보통의 CMA 통장들과 달리 매일 그
  날의 이자가 입금된다.

(2) SC제일은행 마이줌 통장 (파킹 통장)

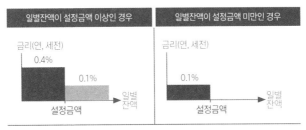

▲ 설정금액에 따라 금리가 바뀌는 것을 주의하자

· 주차하듯 돈이 잠시 머무르는 통장이라고 해서 파킹 통장이라고 부른다.

· 시중은행 상품으로 예금자보호가 가능하다.

· 설정금액에 따라 구간별로 금리를 차등하여 지급한다.

  - 설정금액 500만 원, 잔액 600만 원일 경우: 500만 원은 0.4%, 초과분 100만 원은 0.1%

  - 설정금액 500만 원, 잔액 400만 원일 경우: 금액미달로 전액 0.1%

· 최대 한도 10억 원으로 목돈을 단기간 거치하는 데 추천한다.

· 일별 이자산정액의 합을 매월 첫 영업일에 지급한다.

(3) 카카오뱅크 세이프박스

· 카카오뱅크 입출금 통장에 연결시켜 금고처럼 자산을 보관하는 방식으로 제공된다.

· 금리는 2020년 8월 22일 기준 연 0.5%(세전).

· 입출금 통장당 1개씩 개설이 가능하며 최대 1,000만 원까지 보관할 수 있다.

· 매월 네 번째 금요일 기준으로 결산하여 토요일에 이자를 지급한다.

· 모임 통장에도 세이프박스 개설이 가능해 회비도 효율적으로 관리할 수 있다.

▲ 입출금 통장 안에 금고 역할을 한다

(4) 상상인저축은행 뱅뱅뱅 보통예금

▲ 가장 높은 금리를 제공한다

· 상상인저축은행의 상품으로 연 1.7%(세전) 고금리를 제공한다.

· 제1금융권 상품과 마찬가지로 예금자보호를 받을 수 있다.

· 앱 전용 상품으로 비대면 개설이 가능하다.

· 금액 한도가 없다.

4 마이너스 4억 원의 재정위기

더 이상 사채업자의 독촉 전화도 무서운 등기우편들도 오지 않는다. 은행권 대출로 갈아타면서 한시름 덜기는 했지만 우리에게는 여전히 약 4억 원이라는 어마어마한 빚이 남아 있었다.

💳 22개월 무이자 할부

우리 집의 1차 재정위기는 내가 막 육아휴직을 했을 때 찾아왔다. 임신 전부터 언젠가 우리 가족 구성원이 될 우리 아이를 위해 따로 저축을 하고 있었다. 임신을 하고 육아휴직에 들어갈 때 적어도 나의 1년 치 연봉은 모아놓고 육아휴직에 들어가자는 다짐을 했다. 금액은 살짝 못 미쳤지만 빈손으로 휴직을 한 것은 아니었다.

만기가 돌아오는 적금과 예금은 부족한 생활비에 투입되었다. 이 녀석들이 갑자기 줄어든 우리 집 수입을 조금은 커버해주었다. 돈이 필요한 시점과 만기 시점이 맞지 않을 때는 예·적금을 담보로 대출을 받기도 했다. 빠듯한 생활에 저축은 거의 하지 못했지만 그래도 그럭저럭 굴러갔다.

수입이 줄어든 것보다 더 큰 타격이 되었던 건 고정지출이었다. 대출만 4억 원가량이었으니 매달 상환해야 하는 원리금이 맞벌이 시절의 수입으로도 힘들었을 수준이었다. 2차 재정위기였다.

남편 월급날이 되면 제일 먼저 그 달의 상환액을 대출 통장으로 이체하고 카드대금이 결제되는 통장으로도 이체했다. 그러고 나면 돈이 거의 남지 않는다. 보험료를 못 내는 달도 많았다. 보험은 미납분이 일정 횟수에 달하면 효력을 상실하거나 해지될 수 있고 보험료 미납 중에는 보상도 받지 못한다. 하지만 한 달 정도는 넘어갈 수 있고 두 달분을 한꺼번에 낼 수도 있었기 때문에 늘 후순위로 밀려나곤 했었다. 이마저도 어려울 때에는 신용카드로 납부하기도 했다.

고정지출부터 삐거덕거리니 생활비로 사용할 수 있는 현금은 전혀 없었다. 모든 지출을 신용카드로 했고 그나마도 대부분 할부 결제

▲ 금액이 총 400만 원에 육박하던 카드 고지서들

였다. 지금 생각하면 너무 어리석은 생각이었지만 단순히 결제일에 납부할 카드 값을 최소화하겠다는 생각으로 무이자 할부는 늘 최대한도로 사용했다.

11개월, 22개월 무이자 할부를 제공하는 오픈마켓에서는 단돈 5만 원을 22개월 할부로 결제한 적도 있었다. 하지만 이런 티끌도 쌓이면 큰돈이 되었다. 매달 7장의 카드고지서를 받았고 납부해야 할 금액은 400만 원에 육박했다.

나는 물론 남편도 따로 정해놓은 용돈이 없었다. 현금이 없으니 신용카드 한 장 쥐여주고 급할 때 쓰라며 용돈으로 대체했다. 한도는 100만 원으로 적었지만 정해진 예산 없이 쓰다 보니 나중에는 남편의 카드 값도 만만치 않았다. 급할 때 쓰라고 쥐여준 카드가 지출에서 이렇게 큰 비중을 차지할 줄은 꿈에도 몰랐다. 남편의 용돈 카드가 마치 우리 집의 재정 상태를 보여주는 축소판 같았다. 이 무렵 우리가 한 달 동안 430만 원을 썼다는 사실도 알게 되었다. 변화의 필요성을 느낀 시점이었다. 나의 깨달음이 조금만 늦었어도 카드대금 연체로 신용불량자가 되었을지도 모른다.

💳 신용카드의 체크카드화

재테크의 기본은 '가계부 작성'과 '선 저축 후 지출'이다. 많은 재테크 전문가들이 지출을 체크카드로 할 것을 권장한다. 신용카드와 체크카드의 표면적인 차이점은 통장 잔액의 간섭을 받는지의 여부이다. 통장에 잔액이 있건 없건 한도 내에서 마음껏 사용할 수 있는 신용카드와 달리 체크카드는 잔액의 범위 안에서만 사용할 수 있다는 것이 핵심이다.

강제 지출 통제라는 긍정적인 측면을 가지고 있지만, 현금이 없는 우리 집과는 거리가 먼 이야기였다. 처음엔 현금이 없어 어쩔 수 없이 신용카드를 사용했지만, 지금은 생활비 통장을 활용해 신용카드를 체크카드처럼 사용하고 있다. 체크카드에만 있고 신용카드에는 없는 '잔액의 범위'는 내가 스스로 만들 수 있다. 이름은 '생활비 통장'이지만 신용카드를 체크카드처럼 쓸 수 있게 해주는 내가 만든 작은 장치에 불과하다.

물론 처음부터 이렇게 할 수 있었던 것은 아니다. 처음으로 예산을 정해놓고 가계부를 썼던 달에는 단지 내가 예산을 인지하고 있다는 것만으로도 자연스럽게 생활비가 줄어들었다. 생활비를 270만 원에서

102만 원으로 약 63% 줄이고 나니 제일 먼저 숨통이 트인 것은 카드결제 대금이었다. 한 달 두 달 거듭할수록 할부도 하나둘씩 끝나고 400만 원이던 결제대금은 100만 원대로 줄게 되었다.

▲ 카카오뱅크의 생활비 통장

한 달이 시작되면 생활비 예산액을 생활비 통장으로 이체한다. 이 통장에는 체크카드가 연결되어 있지 않다. 아직까지도 나의 지출수단은 여전히 신용카드이다. 과거와 차이를 들자면 더 이상 할부 거래를 하지 않는다는 것과 신용카드 결제일까지 기다리지 않고 그때그때 선결제를 한다는 점이다.

신용카드를 아직까지 사용하는 또 하나의 이유는 보통 체크카드보다 신용카드의 혜택이 좋기 때문이다. 연회비가 있기는 하지만 모두 1만 원 이하 이거나 일정 조건을 충족시키면 100% 환급받는다. 그래서 지금은 생활비 통장에 딱 그 달의 예산만큼만 넣어두고 사용하면서 마치 체크카드를 사용하는 것처럼 활용한다.

🪪 선결제의 마법

신용카드로 결제를 하고 나면 바로바로 생활비 통장에서 신용카드 결제대금이 출금되는 계좌로 돈을 옮겨놓는다. 그리고 일주일에 한 번 정도 신용카드 앱에서 선결제를 실행한다. 신용카드는 반드시 생활비 통장의 잔액만큼만 사용한다. 호환마마보다 무서운 카드대금 결제일에도 더 이상 나를 괴롭히는 결제대금은 없다. 선결제로 인해 남은 결제대금이 0원이기 때문이다. 하지만 아직 스스로 지출을 절제할 수 있을 만큼 소비습관이 잡히지 않은 경우라면 조금 신중히 고려해보길 바란다.

신용카드를 사용하면서 한 가지 챙겨야 할 것이 있다면 전월 결제실적이다. 보통 월 30만 원 이상을 사용해야 혜택을 제공하는 카드가 대부분인데 할인받은 금액은 실적에서 제외하는 카드들도 많다. 비교적 실적 충족 조건이 까다로운 카드는 실사용 카드로 둔다. 말 그대로 실제 생활비 등을 지출할 때 사용하는 카드이다. 반면에 상품권이나 기프티콘 결제 내역도 실적에 포함시키는 카드도 있다. 이런 카드들로는 상품권을 할인 구매해 지출 방어 수단으로 활용하거나 현금화하기도 한다. 상품권 전액을 현금화할 경우에는 환급된 금액으로 바로 신용카드 선결제를 실행한다. 마찬가지로 결제일에 납부할 카드대금은 0원이다. 하지만 실적은 충족시켜 혜택을 받을 수 있다.

이러한 선결제의 마법을 통해 최소한의 실결제액으로 매월 고정적으로 통신비 5만 1,000원, 대중교통비 1만 원, 주유 및 주차비 1만 5,000원, 커피전문점 2만 원 그리고 그 외 다양한 제휴할인을 받고 있다. 1년 동안 실제 납부하는 연회비는 3만 원 정도이다. 추가로 신용카드사 자체적으로 전표매입 후 정해진 기간 이내에 선결제를 완료할 경우 추가 할인 혹은 적립 혜택을 주는 경우도 있으니 가지고 있는 카드에 그러한 혜택이 있는지도 확인해보자.

플러스팁

생활비 절약에 도움이 되는 신용카드

신용카드의 사용에 대한 의견은 긍정적인 측면보다는 부정적인 측면이 더욱 많지만 잘 활용하면 합리적이고 똑똑한 소비를 하는 것이 가능하다. 연회비나 전월 사용실적에 대한 부담 없이 혜택을 받을 수 있는 카드들을 소개한다.

KB 이마트 카드 : 모든 카페업종 10% 할인

KB 이마트 카드는 본래 이마트 10% 할인이 주 혜택인 카드이지만 건당 결제금액이 7만 원 이상일 경우에만 할인을 받을 수 있다. 절약생활을 시작한 뒤로는 대형마트에서 장보는 것을 최소화하고 있기 때문에 이마트 10% 할인보다 모든 카페업종에서 10% 할인을 받기 위해 주로 사용한다.

스타벅스를 자주 가면 스타벅스 할인카드를, 커피빈을 자주 가면 커피빈 할인카드를 가지고 있을 것이다. 하지만 모든 카페 할인 혜택을 받을 수는 없을뿐더러 한 달에 몇 번 커피값 할인을 받기 위해 최소

이마트	학원	VIPS
5~10%	2~5%	15%
청구할인	청구할인	현장할인

국내전용 5,000원(모바일단독: 1,000원)
VISA 10,000원(모바일단독: 6,000원)
10,000원(모바일단독: 6,000원)
10,000원(모바일단독: 6,000원)
10,000원(모바일단독: 6,000원)

주요혜택	상세혜택	연회비	확인사항

대형마트
이마트
최대 **10%** 청구할인

교육
학원 업종
최대 **5%** 청구할인

외식
VIPS
15% 현장할인

영화
인터파크 영화예매
4,000원 청구할인

커피
커피전문점 업종
10% 청구할인

▲ 모든 카페에서 할인이 가능하다

30만 원씩 실적을 채우는 것은 오히려 손해이다. KB 이마트 카드는 '굴비카드'이기 때문에 실적에서 자유로울 수 있다.

굴비카드란 KB 카드에만 있는 형태로 카드별로 통합 실적이 인정되는 카드를 말한다. 개별 카드의 실적을 챙기지 않아도 사용하는 다른

KB카드의 실적을 충족하면 굴비카드는 굴비 엮이듯 엮여 실적을 공유하게 된다.

내 경우 현재 KB 파인테크 카드를 주력으로 사용하고 있는데 전월 실적은 최소 30만 원이다. 파인테크 카드로 30만 원 실적을 충족시켰다면 KB 이마트 카드도 실적을 공유하게 된다. KB 이마트 카드가 굴비카드이기 때문에 가능하다.

카페업종 10% 할인이기 때문에 프랜차이즈가 아닌 개인이 운영하는 일반 카페에서도 할인이 가능하다. 그뿐만 아니라 브런치 카페나 베이커리형 카페, SNS에서 유명한 컨테이너형 카페 등에서도 지출 방어에 큰 도움이 된다.

과거에는 다양한 종류의 굴비카드가 존재했지만, 혜택이 좋은 카드들 위주로 하나씩 단종이 되었다. KB 이마트 카드의 경우 불과 몇 달 전인 8월 31일 17시를 끝으로 발급이 중단되었고, 현재 신규발급이 가능한 굴비카드는 THE CJ KB 국민카드가 유일하다.

최근에는 카드 단종이 될 경우 신규발급은 물론 갱신재발급 또한 불가능한 경우가 대부분이다. 따라서 단종 소식을 접하게 되면 잊지 말고 재발급 신청을 해서 사용기한을 최대한으로 연장하자.

PART
3

신나게 쓰면서
절약하기

1 계란을 내려놓았다

아이를 포함한 3인 가족이 40만 원으로 한 달을 생활하는 것은 결코 쉽지 않다. 먹고사는 데 지장 없을 정도로 최소한의 것들만 소비해도 금방 바닥을 드러낼 정도의 예산이다.

아무리 절약생활을 하더라도 절대 아끼지 않겠다고 다짐한 것이 건강관리에 드는 비용과 내 주변 사람들에게 쓰는 돈들이다. 당연히 가족도 여기에 포함이다. 우리 집 재테크의 궁극적인 목표는 결국 행복이다. 건강관리에 드는 돈을 과하게 아끼고 싶지 않은 것도 같은 맥락이다. 무턱대고 안 먹고 안 쓰고 안 입는 것은 나의 가치관과는 맞지 않았다. 절제와 궁상의 그 중간 어디에서 밸런스를 찾는 것, 그게 곧 나의 재테크 철학이었다.

아이가 태어난 것을 핑계로 나의 장보기 패턴은 크게 바뀌었다.

아이를 위한다며 무조건 유기농 제품만 고집했고 고기와 채소도 오로지 백화점에서만 구매했다. 집에서 5분 거리에 대형마트와 백화점이 한 건물에 있었지만, 대부분 백화점 식품코너에서 장을 봤다. 200㎖ 밖에 되지 않는 간장을 5만 원 가까이 들여 구매하고 아이가 먹을 음식에만 조금씩 넣었다. 우리들이야 밖에서 사 먹는 음식에 이미 인이 박힐 지경인데 이제 와서 신토불이 타령을 하며 국산 대두를 고집해봐야 무슨 의미가 있겠나 싶었다. 아이가 먹는 것이니 좋은 것이어야만 했고 식료품 전문가가 아니다 보니 그저 '비싼 것이 좋은 것이다'라는 고정관념을 머릿속에 심어놓았다. 지금 생각해보면 그저 나의 지출을 합리화하기 위한 핑계에 불과했다.

그러다 재정적 위기를 맞이하고 제일 먼저 백화점에 발길을 끊었다. 아이에게 좋은 것을 먹여야 한다는 생각이 바뀐 것은 아니었지만 자의 반 타의 반으로 욕심을 버리기 시작했다. 그래야만 했다.

그럼에도 불구하고 끝까지 욕심을 버리지 못한 것이 바로 '계란'이었다. 계란은 최근까지도 가짜 계란, 항생제 계란 등 각종 이슈가 끊이지 않았다. 우리에게 친숙한 재료이자 반찬이지만 비싼 것과 그렇지 않은 것의 가격 차이가 그리 크지 않았다. 옷은 최고급으로 못 입혀도 계란쯤이야 마음만 먹으면 최고급으로 먹일 수 있었다.

그러나 식비를 줄여야 했기에 늘 구매하던 가격의 3분의 1도 되지 않는 저렴한 계란도 구매해보았다. 기분 탓이었는지 모르겠지만 괜히 껍질도 얇은 것 같고 노른자도 또렷하지 못한 것 같았다.

내가 계란을 고르는 기준은 포장 단위가 적고 값이 비싼 것이었다. 대부분 6구나 10구짜리를 구매했다. 어느 날 운명이라고 말하면 우습게 들리겠지만 평소 거들떠보지도 않던 세일 코너에서 괜찮아 보이는 계란을 발견했다. 괜찮은 제품을 저렴히 구매하는 데 재미를 본 뒤로는 계란이 떨어지면 세일 코너부터 둘러본다. 그리고 정말 오랜 시간을 들여 가격과 계란의 퀄리티가 정비례하지 않는다는 것을 받아들였다. 어쩌면 나에게 갑자기 일어난 이 모든 일들에 대한 억울함과 분노를 계란에 대한 고집으로 버텨왔는지 모르겠다.

비단 계란뿐만이 아니다. 내가 지출하는 것 중 각종 핑계를 대며 지출을 합리화하고 있는 것이 있지는 않은지 차근히 살펴보자. 분명 나의 계란과 같은 무언가를 하나쯤 찾을 수 있을 것이다.

2 기사님 혹시 G마켓 가나요?

📇 손품을 팔면 가격이 내려간다

앞서 소비에도 관성이 존재한다는 이야기를 했다. 생활비를 대폭으로 줄이기는 했지만 결코 소비 자체를 그만큼 줄인 것은 아니다. 결제를 하는 데 있어 각종 지출 방어 수단을 활용한 결과였다. 나는 지출 방어 수단들을 '총알'이라고 표현하며, 모든 지출 방어의 기본은 '경유 앱'과 '상품권 활용'이라 이야기한다.

이번 챕터에서는 조금은 생소할 수도 있는 '경유 쇼핑'에 대해 소개하고, 바로 다음 챕터에서는 상품권을 활용한 지출 방어에 대해 이야기하겠다.

'경유'라는 단어는 버스 같은 교통수단에 붙어 있는 말인 줄 알겠지만 쇼핑에서도 경유를 할 수 있다. 쇼핑을 경유해서 한다는 의미는 간단히 말해 다이렉트로 쉽게 구매할 수 있는 과정을 조금 번거롭게 만드는 것이다. 구매 과정에 한두 가지 정도의 루트가 추가된다. 번거로운 것을 좋아하는 사람이 어디 있겠냐만 그로 인해 물건을 저렴하게 구매할 수도 있고 현금 부수입도 얻을 수도 있다면 얘기는 달라진다. 게다가 스마트폰만 있다면 전혀 어렵지 않다.

집에 쌀이 똑 떨어졌다. 최저가를 검색해보니 10kg짜리 백미를 G마켓에서 2만 원에 판매 중이다. 나름 손품을 팔아 타 사이트에서보다 저렴하게 구매했다고 기뻐했다.

하지만 경유사이트 중 한 곳인 오케이캐쉬백을 한 번 거쳐 G마켓에 접속해 구매했다면 구매액의 2%를 오케이캐쉬백 포인트로 추가 적립 받을 수 있었다. 오케이캐쉬백은 믹스커피를 살 때 붙어 있는 딱지를 오려 붙여 포인트를 적립하는 것인 줄 알았는데 알면 알수록 활용할 수 있는 범위가 무궁무진했다.

또 다른 경유처인 에누리 앱을 통해 G마켓에 접속해 구매했다면 1%를 에누리 적립금으로 받을 수 있다. 건당 1만 원 이상 구매하는 경우 추가로 스탬프도 1개 찍을 수 있다. 스탬프는 8개를 찍으면 적립금 2,300점을 지급한다. 스탬프 1개의 가치는 300원이 조금 못된다.

경유하는 과정 없이 바로 G마켓에서 구매를 한 것만으로 최소 400원에서 500원을 손해 본 것이다. 오케이캐쉬백 400점을 적립하기 위해서는 SK주유소에서 약 45만 원어치의 주유를 해야 한다. 참고로 SK주유소에서의 적립률은 0.09%이다.

과정은 전혀 복잡하지 않다. G마켓에 바로 접속해서 구매하는 것과 비교하면 그저 두세 번 정도의 클릭만 더하면 된다. G마켓을 예로 들었지만 적립률이 5%, 8%, 10%가 넘는 제휴몰도 존재한다. 손품을 팔아 0.09%를 2%로 만들고 적립 받은 포인트들은 다음번 쇼핑할 때 사용하거나 일정 금액을 모아서 내 계좌로 이체할 수도 있다. 경유처가 오케이캐쉬백만 있는 것이 아니기 때문에 상황에 맞게 여러 가지를 적절히 사용하면 생활비를 줄이는 데 큰 도움이 된다.

출근을 하지 않으니 남들보다 시간이 있었고 출근을 하지 않으니 남들과 같은 수입은 없었다. 그래서 나의 시간과 수입을 맞바꾸고자

했고, 손품만 팔면 할 수 있는 경유 쇼핑을 비롯한 스마트폰 재테크들이

나의 일상에 스며들기 시작했다. 늘 손에 쥐고 있던 스마트폰이 이제는

나의 재테크에 없어서는 안 될 동반자가 된 것이다.

플러스팁

유용한 경유 쇼핑 앱

(1) 에누리

정확한 명칭은 에누리 가격비교 모바일 앱이다. 개인적으로 가장 추천하는 경유 앱이다. 보통 모바일 상품권이나 기프티콘 등은 구매적립에서 제외되는 경우가 대부분인데 비해 에누리에서는 상품권 구매액의 0.2% 적립이 가능하다. (티몬, G마켓, 옥션 등 일부 적립처)

▲ 다양한 방식으로 포인트를 제공한다

구매적립이 아니더라도 출석체크나 룰렛 등만 참여해도 적립금을 금방 쌓을 수 있다. 특히 신규회원의 경우 1만 원 상품권, 100원 딜 등 혜택이 다양하다.

적립된 e머니는 각종 기프티콘이나 상품권으로 교환이 가능하다. 내 경우 해피머니 상품권이나 신세계 상품권으로 교환을 하고 관리비 납부 등에 활용한다. 교환한 상품권의 사용기한 또한 60일로 길어서 여유 있게 사용할 수 있다.

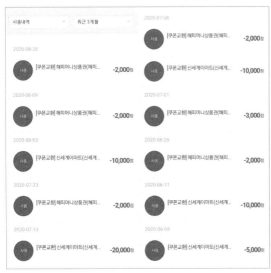

▲ 포인트는 그때그때 상품권으로 교환한다

(2) 오케이캐쉬백

앞에서 소개한 오케이캐쉬백의 모바일 앱이다. 오케이캐쉬백의 경우 제휴몰의 종류와 적립률이 수시로 바뀌기 때문에 구매하기 전 비교는 필수이다.

오케이캐쉬백 앱 실행 후 메뉴의 구매적립-쇼핑적립-제휴몰-사이트 이동 순으로 경유한다.

▲ 오케이캐쉬백 경유 쇼핑 방법

적립·사용	충전	선물	상품포인트쿠폰
20.07.27 쇼핑적립_YES24도서(모바일)			165P
20.07.26 앱고객 포인트 적립			10P
20.07.25 주유소			45P
20.06.30 쇼핑적립_CJ온마트(모바일)			1,219P
20.06.21 앱고객 포인트 적립			1P
20.06.15 바로적립_유진저축은행			5P
20.06.14 앱고객 포인트 적립			10P
20.06.13 에스이십사			-131P
20.06.13 쇼핑적립_YES24도서(모바일)			698P
20.06.11 앱고객 포인트 적립			10P
20.06.11 캐시TV 퀴즈 선착순			1P
20.06.11 OK캐쉬백 복권 스탬프			10P
20.06.11 SK pay(11번가) 구매확정 적립			13P
20.06.11 SK pay(11번가) 구매확정 적립			10P
20.06.11 OK캐쉬백 락 즐거운적립			1P

▲ 적립한 포인트

오케이캐쉬백을 경유하면 포인트 적립은 물론 사용도 가능하다. 온라인 서점인 YES24의 경우 적립률이 6%로 높은 편이라 도서 구매할 때 자주 활용한다. 포인트는 구매확정 후 익월 말에 일괄적립된다.

3 나는 현금보다 상품권이 좋다

앞서 지출 방어의 양대 산맥은 경유 앱과 상품권을 활용하는 것이라고 했다. 경유 앱은 생소할 수 있지만, 사실 상품권은 모두에게 너무나 친숙할 것이다. 백화점 상품권부터 시작해서 도서 상품권 그리고 문화 상품권까지 우리가 실생활에서 접할 수 있는 상품권의 종류는 다양하다. 상품권도 결국 유가증권의 한 종류이기 때문에 그 가치에 있어서 현금보다 우위에 있을 수 없다. 하지만 나는 절약생활을 시작한 이후로 현금보다 상품권을 더 좋아하게 되었다.

📇 책값이 밥값이 되는 마법

누군가에게 상품권을 선물로 받는다면 문화 상품권이나 도서 상품권보다는 이왕이면 백화점 상품권이길 바랄 것이다. 문화 상품권을 받으면 기껏해야 책을 구입하거나 영화 보는 데 쓰는 것 외엔 쓸모가 없다고 생각하기 때문이다. 예전에는 한 번씩 선물로 문화 상품권이나 도서 상품권이 들어오면 잘 가지고 있다가 아직 학생인 사촌 동생들에게 필요한 책 있으면 사라고 주곤 했었다. 하지만 요즘에는 우리 집 식비와 외식비를 줄이는 일등 공신이 바로 이 문화 상품권이다.

문화 상품권으로 할 수 있는 것을 떠올리면 책이나 음반 구매, 영화 감상 정도를 떠올릴 것이다. 나 또한 그랬다. 하지만 절약생활을 시작한 후 각종 재테크 정보를 접하다 보니, 생각보다 다양한 곳에서 문화 상품권을 사용할 수 있고 직접 사용하지 않더라도 다른 포인트로 전환도 가능하여 내가 필요한 곳에서 사용할 수도 있다는 것을 알았다. 심지어 나는 문화 상품권을 관리비 납부에도 활용한다. 문화 상품권의 종류 또한 컬쳐랜드, 해피머니, 북앤라이프 등 다양하다.

배달음식 8% 할인받기

그때그때 시세에 따라 다르지만 오픈마켓에서 모바일 컬쳐랜드 상품권을 구매하면 보통 정가에서 8% 할인된 가격으로 상품권을 구매할 수 있다. 구매 후 휴대폰으로 전송되는 상품권 PIN 번호를 컬쳐랜드 홈페이지에서 입력하면 바로 컬쳐캐쉬로 충전이 된다.

컬쳐캐쉬는 이마트몰, CJ제일제당의 공식 온라인몰인 CJ THE MARKET, 새벽 배송으로 유명한 마켓컬리, 도미노피자, YES24 등 다양한 제휴 쇼핑몰에서 현금처럼 사용이 가능하다. 결제 단계에서 컬쳐캐쉬를 바로 사용할 수도 있으며 이베이 계열 쇼핑몰인 G마켓, 옥션, G9에서는 자체 적립금인 스마일캐시로 전환하여 사용한다. 가령 10만 원권 상품권을 8% 할인받아 9만 2,000원에 구매했다 하더라도 스마일캐시로 전환하여 사용하면 쇼핑몰에서는 10만 원어치의 상품을 구매할 수 있다.

▲ G마켓 요기요 주문 화면

G마켓과 제휴 중인 배달 앱 '요기요'를 통해서 음식

을 주문하면 같은 원리로 외식비 방어도 가능하다. G마켓 앱 내에서 배달 메뉴로 들어가면 요기요 배달주문을 이용할 수 있다. 3만 원짜리 족발을 주문한다고 가정하면 바로 3만 원을 결제하는 것이 아니라, 3만 원짜리 컬쳐랜드 상품권을 오픈마켓에서 8% 할인 구매 후 스마일캐시로 전환하는 과정만 거치면 실 지출은 2만 7,600원으로 줄어든다. 상품권을 저렴하게 구매하면 구매할수록 나의 절약액도 늘어난다. 만약 유료회원인 스마일클럽 회원이라면 매일 배달주문 3,000원 할인 쿠폰을 받을 수 있어 조금 더 저렴하게 이용하는 것이 가능하다.

그 외에 많은 외식업체를 제휴처로 가지고 있어 온라인뿐만 아니라 오프라인에서도 활용이 가능하다. 이랜드 계열사의 외식업체인 애슐리나 자연별곡 등을 포함해 사용할 수 있는 외식업체 수만 30곳에 달하며 편의점이나 카페에서도 사용이 가능하다.

아파트관리비 납부하기

해피머니 상품권도 오픈마켓에서 8% 전후로 할인받아 구매가 가능하며, PIN 번호를 입력하는 방식으로 해피캐시를 충전하는 것은 컬쳐랜드와 동일하다. 마찬가지로 다양한 제휴몰이 있어 NS몰, 롯데홈쇼핑,

▲ 문화 상품권으로 이용 가능한 외식업체들

CJ몰 등에서 사용이 가능하다.

특히 모바일로 관리비를 조회·납부할 수 있는 앱인 아파트아이에서 사용이 가능해 고정지출 방어에도 큰 도움이 된다. 아파트아이 앱에서 해피캐시를 아파트아이 적립금으로 전환할 수 있는데 8%의 수수료가 부과되므로 8% 이상의 할인받아 구매하거나 앱테크나 이벤트를 통해 무상취득한 상품권을 활용하는 것이 좋다.

💳 내 맘대로 할인율 높이기

상품권을 잘 활용해서 지출을 방어할 수 있는 것은 맞지만 예전에 비해서 이러한 상품권들의 몸값도 많이 올랐다. 예전에는 10% 이상 할인하는 곳들도 심심찮게 찾을 수 있었지만 요즘은 8% 할인만 되도 사려는 사람이 많아져 금세 품절이 된다. 그래도 유가증권이라는 상품권의 특성을 잘만 활용하면 자체적으로 할인율을 어느 정도는 높이는 것이 가능하다.

상품권은 액면가의 일정 비율을 사용할 경우 잔액을 현금으로 돌려받을 수 있다. 백화점이나 대형마트 행사 때 구매금액별 사은품으로 상품권을 받아서 써본 사람들은 아마 경험해 봤을 것이다. 가령 10만 원권 상품권을 받아 액면가의 60%인 6만 원만 사용할 경우 잔액 4만 원은 현금으로 거슬러 받을 수 있다. 상품권을 직접 구매해서 사용하는 경우에도 마찬가지이다. 액면가의 60% 이상 사용할 경우 잔액을 현금으로 돌려받을 수 있다. (1만 원권 미만은 80% 이상 사용 후 환불 가능)

10만 원권 상품권을 5% 할인받아 9만 5,000원에 구매했다고 가정해보자. 액면가의 60%인 6만 원만 사용하고 나머지 4만 원은 환불 신청 절차를 거쳐 현금으로 돌려받는다. 9만 5,000원에 사서 10만 원을 모두 사용할 경우 5% 할인을 받은 것이 되지만 6만 원만 사용하고 4만 원을 돌려받으면 할인율은 약 8%가 된다.

이 내용을 블로그 포스팅이나 특강에서 다룰 때마다 할인율 계산에 관한 질문을 받는데 할인율을 계산하는 것 자체에 너무 신경 쓰지 말라고 이야기한다. 잔액 환불 기준이 되는 60% 만큼만 사용하고 환불하면 실질적으로 할인율이 높아진다는 부분이 중요한 것이지, 할인율 자체가 중요한 것은 아니기 때문이다. 그래도 이해를 높이기 위해 간단히 도식화해보았다. 수학적인 공식으로 설명하지 않는 이유는 공식을 까먹으면 할인율도 구할 수 없기 때문이다. 공식처럼 외우지 않고 스토리로 이해하면 좋겠다.

우리가 기억할 것은 딱 세 가지이다.

① 실 지불액

② 실 액면가

③ 백분율(할인율)

각각 내가 실제로 지불한 금액이 얼마인지, 실제로 구매한 상품권의 액면가는 얼마인지 그리고 실 구매액과 실 액면가의 백분율, 즉 할인율은 얼마인지이다.

	지불액?	얼마치?	백분율?
전액사용	95,000	100,000	$\frac{95,000}{100,000} = 95\% \rightarrow 5\%$할인
잔액환불	95,000-40,000=55,000	60,000	$\frac{55,000}{60,000} = 92\% \rightarrow 8\%$할인

▲ 상품권 할인율 계산 예

10만 원권 상품권을 5% 할인 구매한 위 예를 다시 한 번 살펴보

자. 먼저, 액면가의 60%인 6만 원만 사용하고 환불했다면 나의 실제 지불액은 구매가 9만 5,000원에서 환불받은 4만 원을 뺀 5만 5,000원이다. 이 돈으로 나는 상품권의 실 액면가인 6만 원어치를 사용했다. 그리고 백분율을 계산하면 55,000/60,000으로 대략 92%가 나온다. 지불한 금액의 비율이 92%이니 바꾸어 말하면 약 8%를 할인받은 것이다.

실 지불액, 실 액면가, 백분율 이 세 가지만 기억하면 공식을 외우지 않아도 할인율을 도출해낼 수 있다. 다시 한 번 강조하자면 할인율 자체가 중요하다기보다는 잔액 환불 과정을 통해 자체적으로 할인율을 높이는 것이 가능하다는 것이 핵심이다.

일부 이벤트성 할인 판매의 경우에는 잔액 환불이 불가할 수도 있으니 구매 시 유의사항이 있는지 잘 살펴보는 주의가 필요하다.

플러스팁

매달 문화 상품권 받는 법

문화 상품권을 오픈마켓에서 8% 할인율로 구매하는 방법 외에도 공짜로 문화 상품권을 얻는 방법도 있다. 매달 출석체크 이벤트 등을 통해 문화 상품권을 받는 방법이다. 지금 소개하는 것들만 빠짐없이 챙겨도 한 달에 3~4,000 원 정도의 문화 상품권을 받을 수 있다.

(1) 아이템매니아

주로 게임 아이템을 거래하는 서비스를 제공하는 아이템매니아에서는 한 달간 매일 출석체크를 하면 매달 말일 문화 상품권 1,000원을 100% 지급한다. 게다가 선착순 2,000명에게는 2,000원을 지급하니 열심히 참여하기 바란다.

▲ 아이템 매니아에서 지급된 문화 상품권

(2) ZZAL

재테크족에게 소문난 문화 상품권, 기프트콘 리워드 앱 짤(ZZAL)에서
는 잠금화면, 광고 시청, 뉴스피드 클릭 등으로 자체 포인트인 짤과 꿀
을 쌓아 문화 상품권을 뽑을 수 있다. 잘 참여하면 매주 1~2,000원의
문화 상품권을 얻을 수 있다.

짤 모으는 법

▲ 배너를 클릭하여 짤을 얻는다

짤을 모으는 방법은 다양하다. 위 이미지처럼 메인에서 광고 배너를 클
릭하거나 [피드] 탭에서 광고 시청을 하고 적립할 수 있다. 더 많은 짤

을 적립하려면 [적립] 탭에서 여러 미션을 수행한다. 특정 앱을 설치하

거나, 가입 후 실행하면 짤이 적립되기도 하고 광고 SNS 계정을 팔로우

하거나 좋아요를 누르는 방법도 있다.

▲ 짤롯머신도 잘 이용하자

짤을 조금 더 빨리 모으고 싶다면 '짤롯머신'을 이용한다. 짤롯머신을

돌리기 위해서는 '잭팟티켓'이 필요한데 메인의 [뽑기] 탭에서 10~30

초 가량의 광고를 시청하면 시간당 최대 2장의 노말티켓을 얻을 수 있

고 노말티켓 4장은 잭팟티켓 1장으로 교환이 가능하다. 잭팟티켓 1장

(=노말티켓 4장)부터 짤롯머신을 돌릴 수 있으니 2시간 간격으로 참여

가 가능한 것이다.

짤 활용하기

이렇게 모은 짤은 꿀렛을 돌려 상품권으로 교환받는다. 900짤이 되면 100% 당첨으로 문화 상품권 1,000원권 혹은 구글기프트코드 1,000원권을 뽑을 수 있다. 꿀렛을 돌리는 데 필요한 허니티켓은 일주일에 5일만 출석하면 받을 수 있다.

▲ 꿀렛으로 상품권을 얻는다

꿀 모으기

짤의 또 다른 리워드 포인트인 '꿀'은 시간에 따라 쌓이는 꿀단지를 클릭하면 받을 수 있다. 꿀단지는 잠금화면에 생성되고 짤 앱을 실행해도 하단에 보인다. 4,000꿀이 모이면 문화 상품권 1,000원권으로 교환이 가능하다.

▲ 클릭만으로 상품권을 얻을 수 있다

(3) 인터파크 쇼핑 / 도서 / 투어

인터파크 3총사라 불리는 앱이다. 세 앱 모두 출석체크를 통해 포인트를 쌓을 수 있다. 인터파크 쇼핑과 도서는 출석 시 매일 10포인트씩, 15일 연속 출석체크 시 100포인트, 한 달 개근 시 300포인트를 지급한다. 인터파크 투어 앱도 출석체크를 할 수 있지만 연속 출석에 대한 추가 포인트 지급 없이 매 출석 시 10/20/50/100 포인트 중에서 랜덤 포인트를 지급한다. 거의 10포인트를 지급하기 때문에 인터파크 3총사는 매일 10포인트씩 받는다고 생각하면 편하다. 세 개의 앱 모

▲ 인터파크 적립금(I-Point)만으로 구매한 컬쳐랜드 문화 상품권

두 빠짐없이 출석체크를 했을 경우 매달 약 1,700포인트를 받을 수 있다. 우리 집처럼 부부가 함께 참여한다면 금액은 더 커진다.

이벤트로 지급받은 포인트의 유효 기간은 한 달로 짧은 편이니 소멸되지 않도록 주의해야 한다. 인터파크에서 구매할 물건이 있을 경우 포인트를 지출 수단으로 사용해도 좋지만 보통은 문화 상품권을 구매한다. 복잡한 것처럼 보이지만 매달 반복하게 되면 나름의 루틴가 생기게 된다. 출석체크로 상품권을 모으고 모인 상품권으로 장을 보거나 외식비에 보탬이 되는 선순환의 반복이다.

4 코로나 집콕에도 문제없는 식비 방어

코로나19의 기승으로 배달업계와 온라인 장보기 업체들의 주문량이 수직 상승했다. 외출을 꺼리게 되면서 소비자와 직원이 직접 대면할 필요가 없는 '언택트'라는 새로운 소비형태가 각광을 받고 있는 것이다. 외출을 자제하고 사회적 거리두기를 하더라도 끼니는 잘 챙겨먹어야 하니 우리 집도 어쩔 수 없이 온라인 장보기를 시작했다.

사실 온라인 장보기의 최대 단점인 배송비 문제만 해결된다면 온라인 장보기는 식비 방어에 꽤 도움을 줄 수 있다. 온라인 쇼핑몰에 따라서 조금씩 차이는 있지만, 보통은 첫 구매 회원에게 비교적 큰 혜택을 준다. 구매 후 간단한 상품 리뷰를 남기면 해당 온라인 쇼핑몰에서 사용 가능한 포인트를 적립해주는 방식으로 혜택을 받을 수도 있다.

🔲 이마트몰 : 첫 결제라면 매월 1일~15일을 공략하자

이마트몰은 이마트에서 운영하는 온라인 쇼핑몰이다. 마트에서 진행하는 할인 행사들을 거의 동일하게 누릴 수 있으면서도 일반 택배가 아닌 자체 배송 시스템인 쓱 배송을 이용하기 때문에 원하는 시간에 필요한 물건들을 받아볼 수 있다. 최근에는 새벽 배송 서비스도 시작해 고객 입장에서는 시간 선택의 폭이 더 넓어졌다.

단, 4만 원 이상 구매해야 무료배송이 된다는 특징 때문에 자칫 필요에 의한 장보기가 아닌 무료배송을 위한 장보기가 될 수 있다는 점을 주의해야 한다.

고객 등급에 따라 매월 무료배송 쿠폰이나 장보기 할인 쿠폰을 지급하기도 하지만 등급 유지를 위해서는 매월 높은 구매금액을 달성해야 하기 때문에 나처럼 실속을 차린 장보기를 하는 경우에는 등급을 올리기가 쉽지 않다. 이때 활용할 수 있는 것이 '맘키즈 클럽' 혜택이다.

맘키즈 클럽은 이마트 포인트카드 회원 중 임산부나 7세 이하 자녀를 둔 고객에게 유모차 등 유아용품이나 유아용 식품 등을 구매 시 혜택을 주는 제도이다. 엄마뿐만아니라 아빠도 회원 가입이 가능하다.

▲ 이마트 맘키즈 클럽 이벤트

친정 부모님 또한 손주의 먹거리나 장난감 등을 자주 구매하셔서 맘키즈 클럽 회원으로 가입되어 있으시다. 가입은 이마트몰 앱 또는 홈페이지에서 MY SSG-개인정보수정-신세계 포인트 맞춤 혜택 및 부가정보 수정에서 가능하다.

분유나 기저귀 등 육아 필수 구매품들을 할인받아 구매할 수도 있지만 내가 가장 잘 활용하는 것은 1만 원 이상 무료배송 쿠폰이다. 최근에 혜택 제공 내용이 변경되어 아이디 당 첫 번째 결제 시에만 쿠폰을 지급한다. 내 아이디, 남편 아이디, 동생 아이디 등등 찬조를 받으면 몇 달은 거뜬히 버틸 수 있다.

식비의 초과지출을 차단하기 위해서는 대형마트부터 멀리해야 하지만 대형마트의 저렴한 가격 혜택 또한 식비 방어에 큰 도움이 되므로 내 경우 온라인을 통해 좀 더 효율적으로 장보기를 한다. 구매할 물건이 있는데 검색해보니 마트에서 최저가로 판매하고 있다면 매월 1일에서 15일 사이에 이마트몰 맘키즈 클럽의 무료배송 혜택을 활용하여 필요한 물건을 저렴하게 구매하면서 배송비도 절약할 수 있다. 무료배송을 받기 위해 억지로 4만 원을 채우는 일을 더 이상 하지 않아도 된

다. 추가적으로 앞에서 소개한 경유 쇼핑을 활용하면 컬쳐랜드의 컬쳐

캐쉬를 결제수단으로 활용할 수 있어 실 지출금액을 줄일 수 있다.

💳 GS프레시몰 : 신규 가입하면 한 달 내내 무료배송

GS리테일에서 운영하는 GS프레시몰은 온라인 장보기 시장에서 이마

트몰처럼 높은 점유율을 차지하고 있지는 않지만 생각보다 챙길만한

혜택이 많이 있어 소개한다. 바로 신규가입 회원에게 한 달 내내 무료배

송 혜택을 제공하는 것이다. 이 외에도 자체 브랜드인 '심플리쿡' 밀키

트 상품을 100원에 살 수 있는 혜택도 있으니 신규회원이라면 꼭 챙기

길 바란다.

GS프레시몰의 온라인 장보기 무료배송 기준금액은 3만 원으로

이마트몰보다 1만 원 낮은 금액이다. GS프레시몰에서는 배송료를 '장

보기 대행료'라고 표현을 하는데 3만 원 미만일 경우에 3,000원이 부과

된다. 신규가입 회원일 경우 가입일로부터 한 달 동안 횟수에 제한 없이

이 장보기 대행료를 면제받을 수 있다. 대신 최소 주문금액인 1만 원은

맞춰서 주문해야 한다. GS프레시몰에 가입을 했다면 한동안은 한 달

▲ 각종 혜택을 이용하면 알뜰 소비가 가능하다

무료배송 혜택을 누리며 식비 걱정에서 조금 벗어날 수 있다.

이마트몰이 컬쳐랜드에서 경유가 가능했다면 GS프레시는 해피머니에서 경유가 가능하다. 이벤트로 받은 해피머니 상품권을 활용하거나 오픈마켓에서 할인 구매해서 활용해도 좋다. 이러한 혜택들을 잘만 챙기면 절반 이상 저렴하게 장을 보는 것도 가능하다. 또한 아직 이용고객이 이마트몰에 비해서는 적다 보니 조금 늦게 주문하더라도 당일배송을 받기 쉽고 시간 선택의 폭이 넓은 편이다. 신규회원 한 달 무료배송 기간이 지나고도 계속 GS프레시몰을 이용하고 싶다면 G마켓이나 11번가의 당일배송을 통해 할인쿠폰을 받아 주문하는 것도 가능하다.

📇 현대투홈 : 백화점 식품매장 상품을 그대로

현대투홈은 현대백화점의 식품 전문 온라인몰로 지난 7월 새로 오픈했다. 백화점 식품매장에서 판매하는 제품들을 온라인으로도 주문할 수 있다는 것이 매력적이지만 백화점 상품이라는 특성상 높은 가격 때문에 주문이 망설여졌던 것이 사실이다. 하지만 신규 런칭한 서비스인만큼 혜택이 빵빵해서 코로나19 사회적 거리두기 단계가 격상되어 외출이 더욱 힘들었던 때 빛을 발했다.

▲ 새벽 배송도 제공한다

기존에 현대백화점그룹 통합멤버십인 H.point 회원으로 가입이 되어 있다면 통합멤버십 포인트인 H.point 적립 및 사용이 자유로우며 1만 원 할인 쿠폰과 무료배송 쿠폰 3장 등 다양한 혜택을 추가적으로 받아볼 수 있다.

H.point는 현대백화점 통합멤버십 앱의 이름이기도 한데 매일 출석체크와 각종 이벤트 참여를 통해 포인트를 쌓을 수 있다. 회원 간 포인트 주고받기가 자유로워 가족이나 지인과 함께 참여한다면 한 사람에게 포인트를 모아주는 것도 가능하다. 모인 포인트로는 주로 현대백화점에 가서 지류 상품권으로 교환 후 사용했는데 코로나 장기화로 외출이 어려워져 현대투홈에서 식재료나 반찬 등을 주문하는 데 알차게 사용했다.

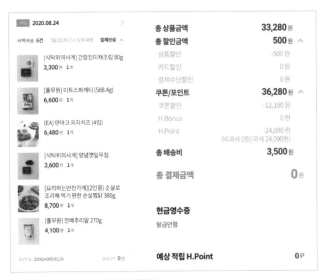

비고 2020.08.24	>	총 상품금액	33,280 원
새벽배송 6건 06/25 (화) 7시 도착예정 결제완료 ^		총 할인금액	500 원 ^
[식탁위의사계] 간장진미채조림 80g 3,300 원 1개		상품할인	-500 원
		카드할인	0 원
[풀무원] 미트스파게티 (588.4g) 6,600 원 1개		결제수단할인	0 원
[EA] 덴마크 피자치즈 (4입) 6,480 원 1개		쿠폰/포인트	36,280 원 ^
		쿠폰할인	-12,190 원
[식탁위의사계] 양념깻잎무침 3,600 원 1개		H.Bonus	0 원
		H.Point	-24,090 원
[요리하는반찬가게](2인용) 순살로 조리해 먹기 편한 순살찜닭 380g 8,700 원 1개			(비과세 0원/과세 24,090원)
		총 배송비	3,500 원
[풀무원] 깐메추리알 270g 4,100 원 1개		총 결제금액	0 원
		현금영수증	
		발급안함	
주문번호 20082400036139 결제1건 0 원		예상 적립 H.Point	0 P

▲ 각종 쿠폰으로 0원 장보기에 성공했다

회원 가입을 하며 받은 할인 쿠폰과 배송비 쿠폰을 적용하고, H.point 앱을 통해 야금야금 모아온 포인트까지 사용해서 실 지출 0원으로도 장보기를 성공했다.

5 돈 쓰는 방법도 가지가지

약은 약사에게 최저가는 편의점에게

의외로 많은 사람들이 가지고 있는 고정관념이 있다. 편의점은 물건값이 비싸다는 것이다. 일단 틀린 말은 아니다. 적어도 편의점을 '편리성'만으로 이용하는 사람들에게는 말이다.

밤늦은 시간 갑자기 탄산음료가 마시고 싶어졌다. 집에서의 편한 옷차림에 모자를 눌러쓰고 슬리퍼를 신고 집 근처 편의점으로 간다. 1.5ℓ짜리 콜라를 3,400원에 구매했다. 대형마트에서는 1.8ℓ 용량을 1,980원에 판매하고 있다. 대형마트보다 비싼 것은 물론이고 심지어 백화점 식품매장보다도 비싸다. 여기까지만 보면 절약생활을 하는 데 있어 편의점만한 적이 없어 보일 정도이다.

하지만 내가 절약생활을 시작한 이후 대형마트보다 더 자주 방문하는 곳이 편의점이다. 편의점의 경우 정가 자체는 비싸지만 제휴 할인이나 멤버십 적립, 다양한 이벤트를 활용하면 훨씬 저렴한 가격에 구매하는 것이 가능하기 때문이다.

GS25에서는 간편결제 앱인 페이코의 이벤트로 정가 2,100원인 초콜릿 4묶음을 990원에 구매했다. CU에서는 BC페이북 이벤트를 통해 정가 9,900원인 500g 생딸기 한 팩을 2,150원에 구매하기도 했다. 이벤트에 응모를 하고 당첨이 되어야만 혜택을 받는 것이 아닌 구매만 한다면 모두 누릴 수 있는 혜택이다.

요즘은 재테크 정보를 공유하는 커뮤니티의 종류와 숫자가 많아지다 보니 경쟁구도가 심화되었다. 물건을 구매하기 위해 편의점 두세 곳쯤은 발품을 팔아야 하는 경우도 많다. 실제로 CU의 딸기 행사 때는 총 여섯 곳의 매장을 돌아다녀야 했고 편의점 점주님께 미리 발주를 넣어줄 것을 부탁드려 겨우 구매했었다.

보통 이런 이벤트들은 월 단위로 진행이 되는데 내용만 일부 바뀔 뿐 이벤트를 진행하지 않는 달이 없다고 보아도 무방하다.

▲ 편의점은 각종 제휴할인과 이벤트가 많다

편의점 구매의 또 다른 장점은 통신사 제휴할인이다. GS25는 LG유플러스와 KT, CU와 세븐일레븐은 SK텔레콤, 이마트24는 KT와 제휴를 맺어 등급에 따라 5~10%의 할인을 제공한다. 위에서 소개한 이벤트들에도 중복 적용이 가능하다.

이와 별개로 각 편의점의 앱을 활용하면 포인트 적립, 할인 쿠폰 다운로드 등 혜택을 추가로 받는 것이 가능하다. 최근에는 편의점에서 과일이나 계란, 콩나물, 두부 등 식재료도 판매해서 잘 활용하면 장보기 비용을 대폭 줄일 수 있다.

로또 대신 간편결제

남편은 쥐꼬리만한 용돈을 모아 가끔 로또를 구매하곤 했다. 어쩌다 한 번 5만 원에 당첨이 된 적도 있었지만 대부분은 꽝이었다. 그저 당첨에 대한 기대감으로 5,000원을 투자해서 한 주를 설레는 맘으로 보내는 것이다.

절약생활을 시작한 이후로 남편은 더 이상 로또를 구입하지 않는다. 대신 앱테크와 각종 이벤트에 나보다 더 많은 노력을 들이고 있다. 앱테크로 인한 수익은 생각보다 적다. 하루 10원, 적게는 하루 1원을 주는 앱도 있다. 하지만 시간이 지나면 수익도 쌓이고 일단 참여만 하면 100% 받을 수 있는 것들이 대부분이다.

로또의 당첨금에 비할 바 못했지만 아무리 푼돈 5,000원이라 하더라도 확률 없는 로또에 시간과 비용을 쏟고 싶지는 않았다. 우리 부부는 그래서 로또가 아닌 간편결제로 100% 당첨 복권을 긁는다.

페이코의 경우 오프라인에서 페이코로 결제를 할 경우 금액에 상관없이 스크래치 복권이 즉시 생성된다. 생성된 복권은 24시간 동안 유효하며 24시간이 지나면 자동으로 소멸되기 때문에 결제를 마치고 바로 오픈해 보는 것을 추천한다. 당첨 포인트는 최소 1포인트에서 최대 5만 포인트까지 랜덤으로 지급되며, 구매금액에 관계없이 1일 2회 복권을 받을 수 있다. 가끔은 1,000원 미만 결제를 하고 500포인트에 당첨되기도 한다.

▲ 100% 당첨 복권

스크래치 복권 이외에도 오프라인 결제금액의 1%가 페이코 포인트로 적립된다. 단, 1회 적립 한도가 100포인트이므로 가능하다면 금액을 쪼개서 결제하는 것도 방법이 될 수 있다.

온라인 결제를 할 때도 바로 신용카드로 결제하지 않고 간편결제-페이코로 결제할 경우 결제금액의 0.2%가 별도로 페이코 포인트로 적립된다. 비율로만 보면 굉장히 적은 금액 같지만 쌓이면 지출 방어에 큰 도움이 된다. 무엇보다 매주 5,000원을 투자해 꽝만 나왔던 로또에 비하면 페이코야말로 진정한 로또이다.

💳 신용카드사 마케팅에 숟가락 얹기

과거의 나는 신용카드 할부의 악순환에 빠져 400만 원대의 카드대금에 허덕였다. 월 납부금을 최대한 줄이기 위해 22개월 할부도 마다하지 않았다. 이런 과거를 경험했다면 신용카드에 크게 데었을 법도 한데 아직까지도 체크카드가 아닌 신용카드를 사용한다. 대신 할부 결제는 최대한 지양하고 사용한 금액에 대해서는 바로 선결제를 한다.

재테크 커뮤니티에서 한동안 유행했던 것이 신용카드 자르기 인증이었다. 그럼에도 불구하고 나는 카드를 늘리면 늘렸지 자르지 않았다. 앞에서도 소개한 '신용카드의 체크카드화'를 실천하고 매달 가계부를 쓰며 결산하는 습관이 반복되어 몸에 베었기 때문이다. 이 시스템 안에서 지출 통제와 나의 결제 수단과의 연결고리는 자연스럽게 끊어졌다. 신용카드를 쓰지만 예산 범위 안에서만 소비하기 때문에 체크카드를 사용하는 것과 크게 다르지 않았다. 여기서 더 나아가 신용카드사의 각종 마케팅까지 활용하고 있다.

지난 5월, 하나카드에서 신규 카드 개설 고객에 대한 대대적인 이벤트를 진행하였다. 출시 초반 3개월 동안 이른바 '부스터 혜택'으로 특정 업종에서 구매액의 50%를 자체 포인트인 하나머니로 적립해준 것이다.

월 최대 적립액은 5만 원으로 3개월동안 15만 원의 적립금을 쌓을 수 있었다. 6대 온라인 쇼핑몰(쿠팡, 11번가, G마켓, 위메프, 인터파크, 티몬)에서 최대 1만 원 한도로 구매액의 10%를 적립해주는 카드 기본 혜택 또한 중복으로 누릴 수 있었다.

대상

'모두의 쇼핑' 카드 이용 회원

(부스터 1) **온라인 쇼핑 50% 적립**

대상 가맹점

쿠팡, 11번가, G마켓, 옥션, 위메프, 인터파크, 티켓몬스터

※ 국내 가맹점 사이트/앱에서 직접 결제 시 서비스 제공
※ 월 한도 최대 5만 머니 / 결제 건당 최대 1만 하나머니 적립

(부스터 2) **점심값 50% 적립**

**점심시간(오전 11시~오후2시)에 요식업종에서
결제 시 50% 적립**

※ 월 한도 1만 하나머니 / 오프라인 결제에 한함

(부스터 3) **넷플릭스 50% 적립**

※ 1만원 이상 결제 시 하나머니 적립, 월 1회 한도

▲ 카드사의 다양한 혜택들

만약 한 달에 10만 원을 사용하면 특별 적립 50%와 기본 적립 10%를 받아 하나머니로 6만 원을 돌려받는다. 신용카드 사용을 장려하는 것처럼 보이지는 않을까 조심스럽지만 사실 이런 카드는 발급받지 않는 것이 손해이다. 물론 스스로 신용카드의 체크카드화 시스템을 유지할 수 있다는 전제하에 말이다.

자주 이용하는 대부분의 온라인 쇼핑몰에서 사용조건을 충족했기 때문에 주로 쌀이나 화장지 등 이벤트가 아니더라도 반드시 필요한 것 위주로 구매했다. 공돈이라고 평소 갖고 싶었던 것을 구매하는 것보다는 생활필수품 위주로 구매하는 것이 중요하다. 이때도 경유 앱을 통하는 것을 잊지 않고 추가적인 부수입도 함께 챙겼다. 카드 자체 혜택의 경우 전월 실적 충족 여부에 따라 제공되는데 보통 카드 발급일이 속한 해당 월과 익월까지는 실적을 충족한 것으로 보기 때문에 이 부분도 잘 활용하면 좋다.

내 경우 5월에 카드를 발급받아 5월 및 6월은 실적 면제를 받았다. 즉, 5월, 6월에는 부스터 혜택과 카드 기본 혜택을 모두 적용받아 각

6만 원씩 총 12만 원을 적립받았고 7월에는 부스터 혜택만 적용받아 5만 원을 적립받았다. 3개월 동안 총 36만 원을 결제하고 총 17만 원을 되돌려 받은 셈이다. 부스터 혜택은 온라인 쇼핑 외에도 점심값이나 넷플릭스 구독에 대해서도 각각 적용되기 때문에 이 세 가지를 전부 활용했다면 더 많은 금액을 적립받는 것이 가능하다.

(주)티몬_KICC 2020.06.08 01:25 카드사용적립	+ 10,000	티몬_스마트로 2020.07.08 01:51 카드사용적립	+ 6,221	지마켓_TOSS 2020.08.08 02:03 카드사용적립	+ 5,400
티켓몬스터_KCP 2020.06.08 01:25 카드사용적립	+ 10,000	지마켓_TOSS 2020.07.08 01:51 카드사용적립	+ 10,000	지마켓_TOSS 2020.08.08 02:03 카드사용적립	+ 10,000
11번가-SK pay 2020.06.08 01:25 카드사용적립	+ 10,000	인터파크(PAYCO)_KCP 2020.07.08 01:51 카드사용적립	+ 4,450	지마켓_TOSS 2020.08.08 02:03 카드사용적립	+ 10,000
티몬_이니시스 2020.06.08 01:25 카드사용적립	+ 10,000	지마켓_TOSS 2020.07.08 01:51 카드사용적립	+ 10,000	(주)티몬_KICC 2020.08.08 02:03 카드사용적립	+ 9,250
티켓몬스터_KCP 2020.06.08 01:25 카드사용적립	+ 10,000	지마켓_TOSS 2020.07.08 01:51 카드사용적립	+ 10,000	지마켓_TOSS 2020.08.08 02:03 카드사용적립	+ 8,000
		11번가-SK pay 2020.07.08 01:51 카드사용적립	+ 10,000	티켓몬스터_KCP 2020.08.08 02:03 카드사용적립	+ 7,350

▲ 카드사 이벤트를 활용하여 포인트를 적립받았다

온라인 쇼핑몰에서 10%씩 적립받을 수 있는 것도 혜택이 큰 편이지만 가지고 있는 기존 신용카드 그리고 지출 패턴들을 고려해 유지할 필요가 없다고 판단되어 이벤트가 종료된 후 신용카드 해지 신청을 하였다. 1만 5,000원인 연회비는 카드 해지를 신청한 시점을 기준으로 일할 계산되어 계좌로 환급된다.

연회비 환급은 다른
신용카드에도 동일하게 적
용되기 때문에 카드 해지를

2020.08.19 10:31:26	하나카드
하나카드연회비	+ 10,400 원

▲ 연회비는 중간 환급이 가능하다

할 경우 하루라도 빨리 신청하는 것이 연회비를 더 많이 돌려받을 수
있으니 참고하면 좋다.

🟦 한 달에 한 번 도넛 먹는 날

정해진 예산 안에서 생활을 하면서도 체크카드가 아닌 신용카드 사용
을 고수하는 이유는 단연코 카드사에서 제공하는 혜택 때문이다. 단, 사
용 후 바로바로 선결제해서 신용카드의 체크카드화를 철저히 지킬 때
의 이야기이다.

보통 신용카드 혜택을 받기 위해서는 카드사에서 요구하는 실
적 수준을 충족해야 한다. 혜택만 보고 여러 장의 카드를 만들 수 없는
이유이다. 신용카드 자체의 혜택 이외에 카드사 단위로 제공하는 혜택
도 있다. 내가 받을 혜택을 미리 선택 후 받는 형태이다. 개별 혜택이 아

닌 신용카드사 자체의 혜택이기 때문에 신용카드와 체크카드 모두 해당된다.

카드사별로 삼성카드의 LINK, BC카드의 마이태그, 신한카드의 마이샵 등 명칭에 차이는 있지만 회원들에게 미리 선택한 혜택을 제공한다는 방식은 동일하다.

신한카드의 마이샵 혜택을 이용하면 던킨도너츠를 60% 할인된 가격으로 먹을 수 있다. 매월 1~3일 정해진 기간 동안만 행사 참여가 가능해서 우리 집에서는 자연스럽게 매월 1일이 한 달에 한 번 도넛 먹는 날로 정해졌다.

신한카드 앱의 '혜택' 메뉴로 들어가서 하단 '마이샵 혜택'으로 이동하면 내가 원하는 혜택을 직접 담을 수 있다. 이후 해당 가맹점에서 신한카드를 이용하기만 하면 혜택이 적용된다. 전월 실적과 전혀 무관하며, 프렌차이즈 카페, 오픈마켓 등 다양한 혜택처가 존재한다. 이 중 던킨도너츠는 1만 원 이상 결제 시 6,000원을 캐시백 받을 수 있어 할인율이 60%에 달한다. 캐시백은 카드결제일 기준 3영업일 이내에 결제계좌로 입금된다.

▲ 신한카드 마이샵 혜택을 이용하면 던킨도너츠 60% 할인이 가능하다

2020.09.28 14:35:49 　　　　신한카드

타행대량 　　　　　　 입금 **6,000** 원

⌄ 　　　　　　　 잔액 ▓▓▓▓ 원

▲ 캐쉬백으로 돌려받은 금액

　　BC카드에서는 마이태그라는 이름으로 비슷한 혜택을 제공하고 있다. 마찬가지로 BC카드의 ISP/페이북 앱을 실행한 뒤 혜택 메뉴로 들어가면 다양한 혜택을 태그할 수 있다.

[Web발신]　　　　　　 [Web발신]　　　　　　 [Web발신]
[#마이태그]BC카드 ▓▓님　[#마이태그]BC카드 ▓▓님　[#마이태그]BC카드 ▓▓님
24시나음동 *　　　　　 ▓▓약국　　　　　　　 (주)이마트 *
최대 5000원 할인예정　　 최대 10% 할인예정　　　 최대 2000원 할인예정
(카드 별 적용일 상이)　　 (카드 별 적용일 상이)　　 (카드 별 적용일 상이)

▲ 마이태크로 혜택을 받는 경우 문자로 알려준다

　　우리 집은 반려동물을 키우고 있기 때문에 동물병원 할인 혜택을 잘 이용하고 있다. 약국 할인 혜택도 자주 이용하는데 상비약을 구입할 때나 마스크 구매할 때마다 10% 할인을 받고 있다. 매월 혜택에 조금씩 변동이 있고 선착순으로 제공하는 것도 있기 때문에 월초가 되면 부지런히 혜택부터 담아야 한다.

기-승-전-이벤트

신나게 쓰면서 절약하는 것은 결국 첫째도 이벤트, 둘째도 이벤트, 셋째도 이벤트이다. 이벤트에 참여한다는 것이 다소 번거로울 수도 있지만, 시간과 노력을 쏟는 만큼 나의 절약액 혹은 부수입이 커진다. 특히 시간적인 제약이 있어도 반드시 참여하는 이벤트가 있는데 바로 편의점 결제 이벤트이다.

앞서 편의점은 각종 제휴할인을 받으면 오히려 대형마트보다도 저렴하게 구매할 수 있다고 이야기했다. 보통 이런 할인에서 '서비스 품목'이라고 해서 종량제 봉투, 담배, 택배 등은 제외된다. 기프티콘을 사용해도 서비스 품목을 구매하는 것은 불가능하다. 정가를 그대로 주고 구매할 수밖에 없기 때문에 편의점 결제 이벤트가 있을 경우에는 반드시 종량제 봉투를 구매한다.

휴대폰 소액결제 서비스를 제공하는 다날에서는 편의점에서 삼성페이로 결제 시 50% 할인 혜택을 제공했다. 삼성페이에 결제수단으로 '다날 결제'를 추가한 뒤 이용하면 휴대폰으로 소액결제로 진행되며 50% 금액이 즉시 할인된다.

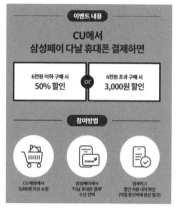

▲ 편의점 결제 이벤트 때는 꼭 종량제 봉투를 구매한다

10ℓ 한 묶음에 5,100원, 2ℓ 한 묶음에 1,300원인 종량제 봉투를 다날×삼성페이 이벤트를 이용하여 50% 할인된 3,400원에 구매했다. 종량제 봉투는 생활필수품이지만 사실상 지출 방어 수단이 없기 때문에 이런 편의점 결제 이벤트가 있을 경우에는 무조건 종량제 봉투를 구매한다.

결제일 할인이 아닌 즉시 할인으로 결제승인이 되면 다음과 같이 반가운 문자를 확인할 수 있다.

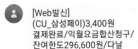

▲ 즉시 할인 문자가 온다

다날 결제와 같은 이벤트성 할인 외에 상시 할인을 제공하는 곳도 있는데 BC카드 페이북 앱을 통한 'QR 결제'이다. BC카드에서 처음 QR 결제를 도입했을 때는 500원 이상 QR 결제 시 500원 할인을 해주었기 때문에 매일 출근 도장 찍듯 500원짜리 간식거리들을 사다 날랐다. 하루 세 번까지 참여가 가능해서 운동 삼아 편의점 한 바퀴 도는 것이 일상이 되었다.

그러다 1,000원 이상, 2,000원 이상, 3,000원 이상 결제에 500원 할인으로 혜택이 줄다가 현재는 일 1회, 월 5회 한도로 3,000원 이상 결제 시 500원 할인을 받을 수 있다. 하루 최대 1,500원 할인을 한 달 내내 받을 수 있던 것이 월 2,500원으로 혜택이 대폭 줄었다. 그래도 대략 15% 할인에 달하기 때문에 해당 가맹점에서는 무조건 QR 결제를 하는 것이 유리하다.

▲ QR 결제가 가능한 상점들

　　다이소는 정가 자체가 1,000원에서 5,000원으로 저렴하기 때문에 가능하면 한 번 구매할 때 최소 구매금액인 3,000원씩 맞춰서 결제하고 500원을 할인받는다. GS25, CU, 이마트24 등 편의점의 경우 통신사 할인 및 각종 멤버십 할인과 중복으로 적용된다. 마찬가지로 QR 결제 혜택을 이용해서도 종량제 봉투를 구매한다.

　　다날 결제와 QR 결제 모두 신용카드 사용 실적과 별개로 주어지는 혜택이다. 매달 진행하는 이벤트에 관심을 조금만 가져도 실 지출을 대폭 줄이는 것이 가능하다.

　　절약도 좋지만 무조건 안 쓰고 먹고 싶은 것 참아가며 하는 절약은 반대한다. 절약과 재테크는 장기전이다. 과도한 지출 통제는 오히려 부작용을 일으킬 수 있다. 지출 자체를 통제할 수 없다면 지출 방어 수단을 많이 만들어두자. 각종 재테크 카페에 가입하여 재테크 정보에 관심을 갖는다면 다양한 지출 방어 수단을 찾는 것이 전혀 어렵지 않다. 조금만 부지런하면 누구나 할 수 있는 단순한 것들이다. 이런 삶에 적응 되고 습관이 된다면 정가 주고 사는 것이 사치한 것 마냥 느껴지는 날 을 곧 맞이하게 될 것이다.

플러스팁

카드 피킹률이란?

가성비 신용카드 : 신한 올웨이즈온

가격 대비 성능이 훌륭할 경우 '가성비가 좋다'라는 표현을 쓴다. 신용

카드에도 가성비가 있다. 가성비가 좋은 카드를 찾는 기준 중 하나가

바로 피킹률이다. 피킹률은 내가 사용한 금액 대비 혜택금액을 백분율

로 나타낸 것을 말한다. 피킹률을 계산법은 아래와 같다.

$$피킹률 = \frac{월\ 혜택금액 - (연회비/12)}{월\ 사용금액} \times 100$$

▲ 피킹률 계산법

보통 피킹률이 1% 미만이면 신용카드의 혜택을 거의 받지 못하고 있는

것으로, 3% 정도면 혜택을 적절히 받고 있는 것으로, 5% 이상일 경우

혜택을 매우 잘 받고 있는 것으로 볼 수 있다.

신한카드의 올웨이즈온 카드는 피킹률이 무려 20%에 달한다. 월 1만

원 이상 사용할 경우 2,000포인트를 지급하는데 연회비는 겨우 1,000

원이다. 그마저도 첫해에만
부과되고 이용 실적에 따라
이듬해부터는 면제된다.

▲ 가성비의 여왕 올웨이즈온 카드

매월 1일부터 말일까지 1만 원 이상 결제할 경우 1,000포인트가 기본
으로 적립되고, 신한카드 간편결제인 FAN 페이 결제 이력이 있을 경우
에는 1,000포인트가 추가로 적립된다. 주의할 점은 결제 건수가 1건만
있을 경우 혜택이 중복 적용되지 않기 때문에 최소 2건으로 나누어 결
제해야 한다는 것이다.

내 경우 마이샵 혜택으로 던킨도너츠를 구매할 때 올웨이즈온을 이용
하고 추가로 1건만 더 구매해 매달 2,000포인트를 지급받는다.

피킹률이 20%에 달하는 소위 말하는 '혜자카드'이다 보니 아쉽게도 현
재는 신규 발급이 중단되었고 기존에 신한카드를 보유 중인 회원에 한
해서 고객센터를 통해 발급받을 수 있다. 신한카드 회원이라면 고객센
터에 연락하여 올웨이즈온 카드를 꼭 발급받길 추천한다.

6 짠순이와 프로절약러 그 중간 어디쯤

영수증 버리지 마세요!

어느 순간부터 물건을 구매할 때 "영수증 드릴까요?"라는 점원의 물음이 익숙해졌다. 질문을 받기 전에 먼저 영수증을 버려달라고 부탁하는 소비자들도 많아졌다. 점원들도 이제는 "영수증 드릴까요?"가 아니라 "영수증 버려드릴까요?"라고 묻는다.

환경 이슈가 대두되면서 종이 영수증 대신 전자 영수증으로 대체하는 곳도 많아졌다. 살 곳을 잃어가는 북극곰들에게는 조금 미안하지만 나는 꼭 종이 영수증을 요청한다. 종이 영수증도 부수입의 수단이 될 수 있기 때문이다.

캐시카우는 약 5년 전 처음 접하게 되었다. 상점에서 구매한 영수증을 스마트폰으로 촬영해 올리면 구매금액에 상관없이 장당 50원씩, 하루 최대 300원을 적립해주었다. 기업이 이러한 플랫폼을 통해 얻고자 하는 것은 영수증으로 소비자의 구매 행태를 파악해 수집한 빅데이터이다. 그리고 그에 대한 대가가 우리에게 주어지는 적립금이다.

앱테크라는 용어가 지금처럼 알려지기 전이었고 수익 구조에 대해서도 무지했기 때문에 사기가 아닐까 의심도 했었다. 우리 부부가 영수증을 열심히 찍는 것을 보고 관심을 가지게 된 친정 엄마도 신기해하시며 우리와 함께 영수증을 모으기 시작하셨다. 2만 원을 모아 각자의 계좌로 지급받고 나니 사기가 아닐까 했던 의심은 언제 그랬냐는 듯 사라졌다.

현재는 영수증 장당 적립이 아닌 품목당 적립의 형태로 바뀌었고 적립 가능한 영수증은 구매 후 6일 이내의 영수증으로 확대되었다. 종이 영수증뿐만 아니라 온라인 전자 영수증도 적립이 가능하다. 적립된 포인트는 기프티콘으로 바꿀 수도 있지만 가장 선호하는 방식은 역시 현금으로 출금하는 것이다. 과거 2만 원부터 출금할 수 있었던 것이 5,000원으로 한도가 낮아진 것도 최근 있었던 큰 변화 중 한 가지이다.

▲ 캐시카우 영수증 적립 현황

오랜 시간 캐시카우를 통한 영수증 앱테크를 하면서 푼돈이 목돈이 되는 마법을 또 한 번 실감하게 되었다. 30원, 50원씩 적립하려고 꼬깃꼬깃 영수증을 챙기는 모습이 궁상맞다고 말하는 사람들도 있었다. 땅에 떨어져도 줍지 않을 법한 푼돈은 어느새 10만 원을 훌쩍 넘는 돈이 되었다. 약간의 번거로움만 감수한다면 의외로 우리 주변에 가치 있는 것들은 무궁무진하다.

방문 후 영수증을 받아 리뷰를 하는 네이버 마이플레이스를 통해서도 영수증으로 포인트를 적립하는 것이 가능하다. 처음 방문한 장소이거나 사진도 함께 인증하면 추가로 포인트를 지급한다. 그 외에는 장당 10원씩 적립이 된다. 현금 지급은 불가능하지만 네이버포인트로 적립이 되어 쇼핑에 사용할 수 있다. PC에서는 적립이 불가하고 모바일 버전에서만 가능하다. 모바일 네이버 메인에서 '네이버 마이플레이스'를 검색한 뒤 영수증 인증을 누르면 영수증 스캔 화면으로 넘어가고 즉시 포인트가 적립된다. 캐시카우에 인증한 영수증을 네이버 마이플레이스에 중복으로 인증하는 것도 가능하다.

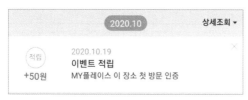

▲ 네이버 마이플레이스에서도 영수증 적립이 가능하다

캐시카우가 정해진 가맹점의 영수증만 적립 대상으로 정하고 있는 것과 달리 네이버 마이플레이스는 일부 적립 불가 영수증을 제외하고는 거의 대부분의 영수증을 제출하는 것이 가능하다. 제출 불가 영수증은 이동수단인 택시나 버스, 비행기, 자전거 대여 영수증, 관리비, 인터넷 쇼핑몰 및 해외에서 구매한 영수증이다. 이 외에 일반적인 영수증은 하루 5회까지 인증이 가능하다.

누구에게는 쓰레기

누군가에게는 쓰레기일 수 있는 영수증이 나에게는 하나의 부수입 수단이 되었다. 방법을 몰라서 하지 않는 사람들도 있지만, 고작 10원, 20원을 받겠다고 궁상떨고 싶지 않다며 하지 않는 사람들이 대부분이다. 하지만 물건을 구매하고 영수증을 인증하는 데까지의 시간은 아무리 길어야 1분을 넘지 않는다. "어디 땅을 파봐라 10원짜리 하나 나오나?"라는 말도 있지 않은가? 땅을 파는 것도 아니고 쓰레기통을 뒤지는 것도 아닌데 궁상맞을 것도 없고 창피할 것도 없다. 편의점이나 카페를 매일 한 번씩 들른다고만 가정해도 한 달이면 1,000원이 넘는 돈을 적립할 수 있다.

물건 구매가 잦은 사람들에게 유리한 것이 영수증을 통한 앱테크였다면, 온라인 쇼핑을 자주 하는 사람들에게 유리한 앱테크도 있다. 택배 송장번호를 등록하고 포인트를 지급받는 방법이다.

'택배 파인더' 앱을 이용하면 송장번호 한 건당 40포인트씩 적립된다. 하루 2건의 적립 한도가 있으며 택배 수령 후 7일 이내에 적립을 마쳐야 한다. 적립된 포인트는 편의점이나 카페에서 사용 가능한 기프티콘으로 교환할 수 있다. 포인트와 현금 전환 비율은 1.35:1로 수수료가 35% 정도 부과되는 것은 단점이다.

포인트 적립은 택배 수신자 이름과 연락처 기반으로 되기 때문에 가능하면 한 사람의 이름으로 택배를 주문하면 조금 유리하다. 택배 수신 정보가 있으면 택배 파인더 앱에서 자체적으로 조회가 되지만 일부 연동이 되지 않는 건도 있으니 물건을 받을 때마다 송장을 따로 떼어서 챙겨두면 잊지 않고 적립할 수 있다.

마지막으로 추천하는 것은 리서치 업체인 칸타월드패널(www.homepanel.kr)에서 운영하는 온라인 가구 패널 활동이다. 각 가

⊙ 2020년 09월 06일	적립 및 사용내역

📦 배송완료안내
물품(진라면 매운맛 20봉-1개)이 CJ 대한통운(으)로 배송완료되었습니다.

[배송완료정보]
-배송완료일 : 2020-09-09
-택배사 : CJ 대한통운
-운송장번호 :
-송화인 : (주)에스티
-물품정보 : 진라면 매운맛 20봉-1개(1개)

배송정보 상세보기 >

배송정보 전달하기 >

택배포인트 적립하기 >

택배사로 문의하기 >

반품하기(100P 적립) >

판매자정보 보기 >

CJ 대한통운　　　　　**40 P**
적립일자 : 2020.04.27 ㅣ 상태 : 적립확정

(풀 리프 티) 제주 유기 녹차 Tall　　　**-6,615 P**
적립일자 : 2020.04.23 ㅣ 상태 : 포인트사용

CJ 대한통운　　　　　**40 P**
적립일자 : 2020.04.23 ㅣ 상태 : 적립확정

CJ 대한통운　　　　　**40 P**
적립일자 : 2020.04.23 ㅣ 상태 : 적립확정

CJ 대한통운　　　　　**40 P**
적립일자 : 2020.04.22 ㅣ 상태 : 적립확정

▲ 택배 파인더 앱에서 포인트 적립하기

정에서 구매한 물품들을 스마트폰 앱을 통해 바코드를 찍으면 매주 100~130점의 포인트가 적립된다. 생일이나 명절에 특별 포인트가 지급되기도 한다. 적립된 포인트는 사은품으로 교환할 수 있는데, 내 경우 상품권으로 교환받고 있다. 적립 포인트가 5,500점이 되면 백화점 상품권 5만 원권으로 교환할 수 있다.

바코드가 있는 공산품뿐만 아니라 야채, 과일, 정육 등도 적립할 수 있다. 마트에 다녀오거나 온라인 쇼핑을 하고 나면 정리하기 전에 스마트폰으로 바코드를 찍는 작업을 가장 먼저 한다. 구매금액도 함께 적어야 하는데 영수증을 참고해서 입력하면 수월하다. 바로 적립하지 못했을 경우 포장지를 버리기 전에 바코드만 따로 잘라 놓았다가 나중에 적립하기도 한다. 직접 구매한 것 이외에 선물 받은 품목도 기록이 가능하다.

매주 130포인트씩 적립받을 경우 약 10개월마다 상품권 5만 원씩 교환할 수 있다는 계산이 나오는데 중간중간 설문 조사 등에 참여하면 추가 포인트를 적립받을 수 있어 실제 기간은 더욱 짧아진다. 나의

경우에는 지난 5월에 상품권을
받았고, 약 5개월만에 다시 상품
권 신청을 했다. 상품권은 등기로
발송되기 때문에 신청 후 수령하
기까지는 시간이 조금 걸린다.

▲ 포인트로 받은 상품권

받기도 전에 버려달라는 말부터 먼저 하는 영수증, 택배 운송장
그리고 바코드. 모두 누군가에게는 하루에도 몇 장씩 생기는 쓰레기들
이지만 잠깐의 시간만 들이면 현금 부수입이 되기도 하고 상품권이 되
기도 한다. 약간의 번거로움을 감수하면 쉽게 얻을 수 있는 부수입을 궁
상맞다는 핑계로 외면하지 말자. 나는 이것들이 조금도 궁상맞지 않다.

💳 사이버 머니 100원은 현실 100만 원

부수입을 카페나 블로그에 인증하면 많은 사람들이 자신들은 아무리
해도 안 모이던데 어떻게 모으는지 비법을 공유해달라고 한다. 여태 보
았다시피 비법은 없다. 그저 조금 더 불편한 것, 번거로운 것을 감수했
을 뿐이다. 조금 불편하다고 돈이 드는 것도 아닌데 감수한 대가로 나에

게 돈이 생긴다.

100일 동안 100만 원이 넘는 현금 부수입을 모았다는 것에는 환호하지만 1원씩, 10원씩 모아가는 과정을 공유하면 그냥 커피 한 잔 덜 마시겠다는 반응이 대부분이다. 모든 것이 그렇듯 결국은 마음가짐이다. 일주일 출석체크를 하고 받는 20원이 우습다면, 영수증 모아 30원씩 적립하는 것이 궁상맞게 보인다면, 그것들이 모여 만들어낸 100만 원에도 환호할 자격은 없다.

별다른 어려움 없이 참여형으로 지급되는 앱테크 포인트들은 금액이 적다. 진입장벽에 낮다 못해 손가락 터치 한 번이면 바로 참여가 가능하다. 하루 10원, 심지어 한 번 룰렛을 돌려서 1원씩 주는 곳도 있다. 운이 좋아 2원도 받고 5원도 받는 날에는 그렇게 기쁠 수 없다. 드문 확률로 1만 원 이상 당첨이 되는 경우도 있지만, 앱테크는 운이 아닌 시간과의 싸움이다. 운을 바랄 것이 아니라 일상이 되어야 한다. 직장인인 남편은 출근길 대중교통에서의 자투리 시간을 활용해 앱테크를 한다. 만보기 앱을 설치해 출퇴근길 걸음도 돈으로 쌓는다. 나는 잠들기 전 30분 정도를 투자해 출석체크 같은 참여형 앱테크들을 모두 끝낸다.

하루 10원은 한 달이면 360원, 1년이면 3,600원이 된다. 연 금리 1%짜리 정기예금으로 1년에 3,600원가량의 이자를 받으려면 원금 43만 원을 예치해야 한다. 매일 10원씩 받을 수 있는 앱테크를 10개 하고 있다면 43만 원짜리 예금을 10개 가입한 것과 같은 효과이다. 적어도 43만 원의 종잣돈이 있어야 만들어낼 수 있는 3,600원을 우리는 몇 분의 시간투자로 얻게 되는 것이다.

💳 나눗셈 사고와 곱셈 사고

돈을 잘 모으는 사람들은 눈앞의 10원을 보고 실망하기보다 긴 호흡으로 1년 뒤의 3,600원을 내다본다. 10원이 10원으로 남지 않기 위해서는 푼돈들을 쌓고 뭉치고 끊임없이 굴려야 한다. 그래야 눈덩이 불어나듯 돈이 곱절로 불어나기 때문이다.

푼돈이 모여봐야 푼돈이라는 생각이 들 때마다 나를 단번에 깨우쳐준 것이 나의 카드 명세서이다. 분명 1만 원, 2만 원 하는 세일품목들을 구매한 것 같은데 한 달이라는 시간이 거들고 나니 수백만 원으로 불어나 있었다. 쿠팡 로켓배송을 주문하려고 1만 9,800원씩 몇 번 산 것이 전부인데 말이다. 푼돈이 절대 계속 푼돈일 수 없다. 10원짜리 동전은 10원만큼의 가치가 있고 10개가 모여 100원이 되면 100원의 가치가 된다. 10원짜리 10개라고 해서 결코 그 가치가 떨어지는 것은 아니다.

우리나라의 화폐 최소 단위는 10원이지만. 마트에서 물건을 구매할 때도 휴대폰 요금을 부과할 때도 국가가 세금을 부과할 때도 10원 미만은 절사한다. 하지만 카드사는 1원 단위로 이용대금을 징수한다. 카드 고지서를 살펴보니 34만 7,074원이 부과되었다. 4원은 좀 깎아주지 하는 생각도 든다. 하지만 나 하나면 4원이지만 카드 이용고객 전체를 놓고 보면 결코 적지 않을 것이다.

여신금융연구소의 자료에 따르면 2020년 2분기 신용카드 총 승인금액이 222조 5,100억 원에 달한다고 한다. 매 승인 건마다 1원 단위로 절사했다면 고스란히 카드사의 손해가 되었을 것이다. 푼돈의 위력은 이렇듯 쌓이고 뭉쳐졌을 때 빛을 발한다.

반면에 돈을 잘 모으지 못하는 사람들은 이미 커져버린 눈덩이

▲ 1원 단위 카드대금 명세서(좌) / 앱테크로 받은 1포인트(우)

도 계속 나누려고 한다. 100만 원짜리 시계를 사면서 한 달에 겨우 8만 3,000원, 하루에 겨우 2,700원 꼴이라며 지출을 합리화한다. 하루 커피 한 잔 값도 되지 않는 돈으로 원하는 물건을 샀으니 합리적인 소비인 것일까? 100만 원짜리 시계를 산 것이지 2,700원짜리 커피를 마신 것이 아니다.

홈쇼핑 채널에서 제품 가격을 표기할 때 원금이 아닌 '월 할부금 ×개월 수'의 형태로 표기하는 것도 같은 이유이다. 100만 원짜리 시계를 판매하지만 고객으로 하여금 하루 커피 한 잔 값으로 고급시계를 살수 있는 것처럼 느끼게 만든다.

🖳 일시불 할인은 홈쇼핑에만 있는 것이 아니다

매년 1월 우리 가계의 첫 연간비 지출은 '자동차세'이다. 자동차세는 본래 연 2회 6월과 12월에 납부 고지가 된다. 하지만 연초에 연납 신청을 할 경우 10%의 세금공제 혜택이 있다. 연납 신청을 해놓고 납부하지 않아도 별도의 불이익은 없으며, 정기 부과 시점인 6월에 세금공제 전 원래 금액으로 고지가 된다. 연초에 신청하지 못했다면 3월, 6월, 9월에도 신청이 가능하다. 다만 공제율은 7.5%, 5%, 2.5%로 줄어든다.

세금에 대해서는 혜택을 받기 어려운데 10%나 할인을 해준다고 하니 손해보는 것은 없겠다 싶어 연납 신청을 했다. 하지만 막상 납부하려고 하니 적지 않은 돈이 부담스러워 결국 납부를 하지 못했다.

우리 집은 연납 신청을 했다가 납부하지 않아 연납 신청이 취소가 되었던 케이스이다. 바꾸어 말하면 연납 신청 후 정상적으로 납부하면 매년 새로 신청을 할 필요 없이 쭉 연납 할인이 적용된다. 취소되었던 연납 신청을 작년에 다시 했고, 이번에는 10%의 세금 혜택을 보았다.

신청은 '스마트위택스' 앱에서 간편하게 할 수 있다. 로그인 후 우측상단 메뉴-부가서비스-자동차세연납-신청을 클릭하면 된다.

내 경우처럼 목돈을 일시에 납부하는 것이 부담된다면 카드사의 혜택도 활용해볼만하다. 보통 1월 중순부터 1월 말까지 약 보름의 기간 동안 연납 신청을 받고 납부 기간도 동일하다. 카드사에서 자동차세 납부 이벤트를 진행하지만 아무래도 세금이기 때문에 다이나믹한 혜택을 기대하기는 어렵다. 그래도 단 몇 퍼센트라도 혜택을 받을 수 있다면 활용하길 추천한다.

N 자동차세

자동차세 정보

납부기간 1기 6.16.~6.30. 2기 12.16.~12.31.
납부하기 위택스, 인터넷지로, 이택스(서울)
연납제도 1년치 자동차세를 선납할 경우 할인율 적용 1월
         (10%), 3월(7.5%), 6월(5%), 9월(2.5%)

차량(운행 연차) 4년

800cc	74,880	2,700cc	631,800
1,000cc	93,600	2,900cc	678,600
1,300cc	212,940	3,000cc	702,000
1,500cc	245,700	3,200cc	748,800
1,600cc	262,080	3,500cc	819,000
1,800cc	421,200	1톤화물	28,500
2,000cc	468,000	2.5톤화물	48,000
2,200cc	514,800	소형승합	65,000
2,500cc	585,000		

세액단위:원
비영업용 차량의 세액을 기준으로 계산한 금액이며, 실제 세액과는
다소 차이가 발생할 수 있습니다.

2021년 자동차세 관리

적용금리 1.70%
200,000원

만기일 | 2021.01.15

D-88

2020.01.15 개설 만기일

10.15	**10회차**	**20,000원**
		200,000원
09.15	**9회차**	**20,000원**
		180,000원
08.15	**8회차**	**20,000원**
		160,000원
07.15	**7회차**	**20,000원**
		140,000원
06.15	**6회차**	**20,000원**
		120,000원

▲ 자동차세 정보와 자동차세 마련을 위한 정기예금

자동차세가 30만 원이라고 가정하면 6월에 15만 원, 12월에 15만 원씩 고지가 된다. 하지만 1월에 연납 신청을 하고 납부할 경우 10% 할인되어 27만 원만 납부하면 된다. 카드사 무이자 할부 혜택을 활용해도 납부 원금은 30만 원이 아닌 27만 원이 되기 때문에 세금을 일부 절약할 수 있다.

아무런 연간비가 마련되어 있지 않은 상황에서는 목돈을 한 번에 납입해야 한다는 생각 때문에 부담을 느낄 수 있지만 자동차세는 지출 시기와 금액까지 예측할 수 있다. 자동차의 연한과 배기량에 따라 세금이 부과되기 때문이다. 네이버 모바일 검색창에 '자동차세'라고 검색하면 차량 운행연차와 배기량에 따라 부과되는 자동차세를 대략적으로 조회하는 것이 가능하다. 목돈 지출에 부담을 느낀다면 1년 뒤 대략 얼마의 자동차세가 부과될지 미리 확인하고 이를 12개월로 나누어 매월 일정 금액을 적립해두자. 일시납을 하더라도 전혀 부담 없이 납부가 가능하다.

플러스팁

TV 수신료 할인 받는 법

TV 수신료는 보통 관리비나 전기요금에 포함되어 부과된다. 요금은 월 2,500원으로 크지 않지만 일시납으로 납부할 경우 할인 혜택이 있어 소개한다.

TV 수신료 일시납은 신청일 현재 수신료 체납이 없는 자에 한하여 한국방송공사 콜센터(1588-1801)를 통해 신청이 가능하다. 12개월 선납 시 한 달 수신료 2,500원을 감액받을 수 있다. 6개월분만 선납할 경우 절반인 1,250원을 감액받는다.

콜센터 신청 접수가 되면 수일 이내로 지사 담당자의 연락이 오고 주소 확인 후 지로를 발송해준다. 신청 후 일주일 정도 지나니 집으로 지로가 도착했다. 1년 선납을 신청해 2,500원이 감액되어 11개월분인 2만 7,500원만 부과되었다.

모바일 지로나 계좌이체를 통해 납부가 가능하며 기한이 종료된 뒤에는 다시 일시납 신청을 해야 한다. 1년치를 선납해도 자동차세처럼 큰 금액이 아니라 부담이 덜하면서도 고정비를 절약할 수 있는 효과가 있다.

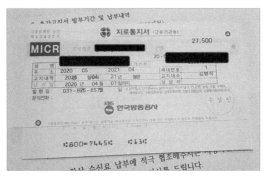

▲ 할인되어 청구된 지로통지서

참고로 TV 수신료 부과 기준은 TV 소유 유무이기 때문에 TV가 없는 세대의 경우 TV 수신료 해지 신청을 할 수 있다. 관리사무소나 한국전력 혹은 한국방송공사로 문의 후 절차를 안내받으면 되는데 TV 겸용 모니터나 주방용 TV가 있어도 TV를 소유한 것으로 보아 해지가 불가능하다. TV 수신료 해지 신청 후 과거 3개월분까지 소급하여 환불 신청 또한 가능하니 해당 세대는 환불 신청도 함께 하길 바란다.

7 절약생활의 작은 사치

계속 외식하고 싶었다

매달 변동지출에서 외식비가 차지하는 비중은 30%에서 많게는 50%에 이를 때도 있다. 가계부를 보고 있자면 마치 외식하기 위해 절약생활을 하는 것 같았다. 생활비를 줄이면서도 외식을 포기할 수 없었다. 만약 절약생활을 한다고 갑자기 하던 외식을 멀리하고 배달음식도 끊었다면 우울감에 빠지고 결국 중도에 포기했을지도 모르겠다. 나의 재테크 목표는 '행복'이기 때문에 다른 지출에서도 그랬듯 '신나게 쓰면서 절약하기' 전략을 고수했다.

외식비를 줄이려면 외식 자체를 줄이고 집밥을 먹는 것이 가장 좋지만, 남이 차려주는 밥을 먹고 싶을 때는 최대한 지출 방어 수단을 잘 활용해 외식을 했다.

G마켓 스마일클럽 회원일 경우 G마켓을 경유하여 배달음식 제휴업체인 요기요를 통해 배달주문을 할 경우 매일 3,000원의 할인쿠폰을 사용할 수 있다. 큰 금액은 아니지만 배달팁 정도는 절약할 수 있다.

▲ G마켓 요기요 할인 쿠폰

배달의 민족, 요기요, 쿠팡 이츠 등 배달 플랫폼을 신규 가입할 경우 배달비 할인 혜택이 주어지니 첫 주문에서는 꼭 활용하길 바란다. 주변에 먼저 사용 중인 사람이 있다면 추천 코드를 받아 입력 후 가입하면 추가 혜택도 받을 수 있다.

🗂 쓸수록 중독되는 할인의 맛 : 머지포인트

이전에는 아웃백 상품권, 빕스 상품권 등 각 구매처별 상품권이 존재했다면 최근에는 다양한 종류의 통합 외식 상품권이 생겨나고 있다. 그중 외식비 지출 방어에 가장 잘 활용하는 것이 머지포인트이다.

머지포인트의 경우 티몬이나 G마켓, 11번가 등 오픈마켓에서 15% 이상 저렴하게 구매하는 것이 가능하다. 다음 이미지와 같이 다양한 가맹점을 보유하고 있어 활용도가 상당히 높다. 카페나 편의점뿐만 아니라 일반 음식점에서도 편리하게 이용할 수 있다. 편의점 등에서는 통신사 제휴할인과 중복으로 사용도 가능하다는 것이 장점이다.

머지포인트를 15% 할인 구매하고 통신사 할인을 10% 받는다면 결과적으로 물건을 25% 할인 구매하는 것이 가능하다. 머지포인트를 구매할 때 신용카드로 구매를 하면서 실적을 쌓을 수 있고 머지포인트 사용분에 대해서는 현금 영수증 발급도 가능하니 잊지 않고 챙기면 좋다.

15%의 할인액이 크지 않게 느껴질 수도 있지만 이용 횟수에 따라 서비스 음료를 제공하기도 하는 카페와는 달리 일반 음식점에서는 할인이나 적립 수단이 거의 없기 때문에 결코 적지 않은 혜택이다. 외식 비용으로 5만 원을 결제한다면 실 지출은 4만 2,500원이 되는 것이나 마찬가지이다.

▲ 머지포인트 사용이 가능한 가맹점들

최근에는 가맹점에 이마트가 추가되어 외식비뿐만 아니라 장보기 비용도 절약할 수 있는 유용한 수단이 되었다. 사용 방법도 간단하다. 머지포인트 앱을 실행한 뒤 가맹점만 선택하면 바코드가 생성되는데 이 바코드만 보여주면 결제가 가능하다. 포인트 사용 기한도 5년으로 상당히 긴 편이다.

📇 가성비 갑 호텔 뷔페

횟수가 잦지는 않지만 기념일에는 가끔 호텔 뷔페에서 식사를 한다. 호텔은 최고급, 최고가의 상징이기 때문에 비쌀 것이라는 고정관념이 있지만, 지출 방어 수단을 잘 활용하면 1인 식사비 정도를 절약하는 것이 가능하다.

네이버 예약을 활용하면 원하는 날짜와 시간에 미리 예약을 하고 결제도 할 수 있다. 결제 수단으로 네이버페이를 이용할 수 있는데 네이버페이 충전 후 결제 시 일정 비율로 포인트 페이백을 해준다. 보통 충전금액의 1%~3% 해당의 금액이 즉시 페이백 되는데 실제 필요한 포인트를 계산해서 충전한 뒤 결제에 이용하면 실 지출을 상당히 줄일

수 있다. 또한 국세청 현금 영
수증과 연계되어 소득공제 혜
택도 챙길 수 있다.

▲ 네이버페이로 페이백 된다

　네이버페이와 1:1 비율로 전환 가능한 제휴 포인트들도 있어서 여기저기 조금씩 쌓아놓기만 한 제휴 포인트들을 사용하는 것도 한 방법이다. 전환 가능한 포인트는 마이신한포인트, KB포인트리, 하나머니 등 금융 포인트와 페이코 포인트이다.

　네이버 예약을 이용하면 요청사항을 미리 업체에 전달할 수 있어 이용에도 더욱 편리하다. 유아용 하이체어나 식기, 선호하는 좌석 등을 미리 요청하면 도착시간에 맞춰 미리 준비가 되어 있다. 예약확정, 이용 후 리뷰 작성을 하면 추가로 네이버페이 포인트를 적립받을 수 있다.

　다음은 실제 호텔 뷔페를 이용했을 때 네이버예약을 통해 결제한 내역이다. 서울 5성급 호텔 뷔페에서 토요일 저녁시간 성인 5명이 식사를 했고 정가는 44만 원이었다. 네이버페이 충전 후 결제하여 충전 금액의 1.5%, 구매금액의 1%가 즉시 적립되었다.

▲ 결제 즉시 포인트로 적립된다

　　제휴사 포인트를 가지고 있는 경우 전환하기를 거쳐 결제하면 할인율은 더욱 올라간다. 정가로 서비스를 이용한 후 결제일 청구할인이나 추후 적립 형태로 제공되는 보통의 혜택들과 다르게 네이버페이 포인트가 즉시 적립되고 이를 바로 결제에 이용할 수 있기 때문에 약 38만 원정도의 제휴 포인트를 충전을 하고 44만 원 상당의 식사를 할 수 있었다. 상당히 큰 금액이지만 잘 모르고 정가를 주고 먹는 경우가 대다수이다. 이러한 네이버 예약 서비스를 잘 활용하면 놀이공원 입장료나 미용실 이용 등에서도 추가로 혜택을 받을 수 있으니 지출 방어에 활용하면 좋다.

🗂 유료인 데에는 이유가 있다

코로나19 이후로 언택트 소비문화가 일상의 모든 곳까지 스며들고 있다. 또한 '구독'이라고 하면 과거의 신문 구독만 떠올렸는데 각종 스트리밍 서비스는 물론이고 온라인 마켓 심지어 포털사이트에서도 유료 멤버십 구독 서비스를 시작했다.

내가 비용을 지불하고 물건을 구매하는 데 별도로 유료회원 서비스까지 가입해야 하는 것이 처음에는 내키지 않았다. 하지만 나의 소비형태와 맞고 혜택을 충분히 활용할 수 있다면 유료 서비스가 득이 될 수 있다.

대표 포털사이트인 네이버에서 최근 네이버플러스 멤버십 서비스를 시작했다. 네이버 쇼핑에서 구매 시 최대 5% 적립이 가능하며 네이버 뮤직 등 각종 디지털 이용권을 제공한다. 월 이용료는 4,900원이다. 네이버 쇼핑을 자주 이용하거나 플러스 멤버십을 통해 제공받는 디지털 서비스를 평소 이용 중이라면 본인의 월 이용금액과 혜택을 잘 비교해보자.

▲ 네이버플러스 멤버십의 각종 혜택들

쿠팡의 로켓배송이나 로켓프레시를 자주 이용한다면 로켓와우 서비스 이용을 추천한다. 쿠팡의 로켓배송은 결제금액 1만 9,800원 이상일 때만 무료배송이 가능하다. 로켓와우 서비스가 없던 시절에는 억지로 1만 9,800원을 맞추느라 필요하지 않은 물건들까지 구매해야 했다. 하지만 로켓와우 멤버십에 가입하면 구매금액에

로켓배송상품 하나만 사도 무료배송 >

낮시간 주문 새벽도착 >

아침 주문 저녁도착 >

로켓프레시 신선식품 장보기 >

골드박스 회원전용 초특가 >

로켓배송상품 30일 무료반품 >

첫 30일 최대 5% 캐시적립 >

▲ 다양한 로켓와우 서비스

상관없이 무료배송 및 무료반품이 가능하다. 또한 새벽 배송도 가능해서 급하게 필요한 물건이 있을 때 더욱 유용하다. 신선식품 당일 새벽 배송 서비스를 제공하는 로켓프레시에서는 1만 5,000원 이상 구매 시 배송료 없이 장보기가 가능하다. 월 이용료는 2,900원으로 저렴한 편이다. 보통 배송료가 2,500원에서 3,000원인 점을 감안할 때 가입 후 1회 이상 주문한다면 손해는 아니다.

네이버플러스나 로켓와우와 같은 구독형 멤버십의 경우 이용을

원하지 않을 때는 언제든 멤버십 해지를 할 수 있고 재가입도 자유롭다. 멤버십 가입 이력이 없는 경우 첫달 무료체험 혜택도 있기 때문에 무료로 서비스를 이용해보고 결제 여부를 결정해도 좋다.

앞에서 계속 언급했던 스마일클럽도 G마켓의 유료 멤버십 서비스이다. 이용료는 3만 원으로 연 단위로 부과된다. 월 구독으로 환산하면 2,500원 정도이다. 네이버플러스 멤버십이나 로켓와우는 내가 실제 사용하는 금액과 월 이용료를 비교해서 필요한 경우에만 가입할 것을 추천했다. 월 구독료 대비 내가 보는 혜택금액이 적을 경우 손해를 보기 때문이다.

하지만 스마일클럽의 경우 가입 즉시 구독료보다 높은 3만 5,000원의 스마일캐시를 지급하기 때문에 손해는 전혀 없다. 첫 한 달간 무료이용이 가능하고 최초 연간회원 결제에 한하여 스마일캐시 3만 7,000원을 지급한

▲ 다양한 스마일클럽 서비스

다. 스마일캐시는 꼭 G마켓이 아니더라도 다음과 같은 다양한 제휴처에서 사용이 가능하다. 이 외에 매월 스마일클럽 회원에게 추가 할인 쿠폰이 주어지고 YES24 북클럽 2개월 무료 등 다양한 추가 혜택이 주어진다. 무엇보다 개인적으로 가장 잘 이용중인 혜택은 매일 3,000원 배달 할인 쿠폰이다.

▲ 스마일클럽의 다양한 제휴처

모든 유료 멤버십 가입을 무조건 추천하고자 하는 것은 아니다. 얼마 되지 않는 금액인 것 같지만 결국은 고정지출의 증가로 이어지기 때문에 반드시 본인의 소비 패턴과 비교해서 결정해야 한다. 멤버십 구독 중간에도 해지가 가능하기 때문에 이용하지 않을 것 같다 싶을 때는 지체 없이 해지하도록 하자.

내 경우 쿠팡 물류센터발 코로나 확진자 수가 급증했던 시기에 쿠팡 로켓배송을 이용하지 않았기 때문에 잠시 멤버십을 해지 후 재가입했다. 보통 정기구독 형태로 자동결제가 되기 때문에 매달 이용 내역을 체크해보고 큰 혜택이 없다 싶으면 잠시 쉬어가다가 필요할 때 다시 가입하는 것도 유료 멤버십 혜택을 현명하게 이용하는 방법이다.

📇 단말기 할부금 무이자로 갈아타기

과거 신용카드 할부를 줄기차게 사용하던 때부터 고수하는 원칙이 있다. 무이자가 아니면 할부는 절대로 이용하지 않는 것이다. 실제로 단한 번도 이자를 납부하며 할부를 이용해본 적이 없다. 그래서 더욱 할부 결제를 스스로 합리화하고 있었는지도 모르겠지만, 그 와중에도 카드사의 할부 이자에 대해서는 큰 거부감이 있었다.

하지만 대부분 잘 모르고 있거나 알아도 그냥 납부하는 이자가 있다. 바로 스마트폰 단말기 할부대금에 대한 할부 이자이다. 할부금리는 무려 연 5.9%이다. 기준금리가 0.5%까지 내려간 제로금리 시대에 결코 적지 않은 이율이다. 현금으로 완납할 경우 자체적으로 할인을 받을 수도 있고 5.9%라는 할부 이자도 내지 않아도 되니 금액적으로 큰 이득이지만 스마트폰 가격이 100만 원을 훌쩍 넘고 200만 원대의 고가 스마트폰도 출시되고 있어 할부를 이용할 수밖에 없는 것도 사실이다.

나 또한 할부 이자의 존재를 알고 있었지만 100만 원이 넘는 단말기값을 일시납할 수 있는 여유가 없었기 때문에 늘 할부로 구입했다. 하지만 단말기 할부대금을 끝까지 납부하지 않고 중도에 무이자 할부로 갈아타는 것이 가능해 소개한다.

평소에는 광고 문자는 제대로 읽어보지도 않고 삭제하지만 절약생활을 시작한 뒤로는 유

▲ 카드사 무이자 할부 이벤트

심히 보고 또 보는 문자가 되었다. 광고이긴 하지만 도움이 되는 광고가 상당히 많기 때문이다. 신용카드사에서 주기적으로 전 가맹점 무이자 할부 혜택에 관한 문자를 보낼 때가 있는데 이때를 활용하면 무이자

갈아타기가 가능하다. 보통 6개월까지는 무이자 할부를 제공하고 가끔 12개월까지 무이자 할부를 제공하는 곳도 있으니 광고 문자라도 유심히 살펴보자.

통신사 고객센터(114)로 전화해서 단말기 할부금을 납부하고 싶다고 하면 친절히 방법을 설명해준다. 신용카드나 체크카드로 납부하는 것이 가능하고 할부도 당연히 가능하다. 카드번호를 불러주면 바로 승인문자 알림이 온다. 이제 통신비에서는 단말기 대금이 빠지고 신용카드 고지서에 포함되어 남은 개월 수만큼 부과된다. 매달 할부의 형태로 납부하는 것은 동일하지만, 통신사에서 부과할 때는 5.9%의 이자가 있고 신용카드로 결제한 뒤에는 이자가 없기 때문에 무이자로 대출 갈아타기한 효과를 볼 수 있다.

물론 현금 여력이 있어 처음부터 현금으로 완납을 하면 가장 좋다. 하지만 내 경우처럼 어쩔 수 없이 할부 이자를 내면서까지 24개월, 30개월 분납을 하고 있었다면 신용카드사의 무이자 할부 혜택을 이용해서 조금이나마 이자 비용을 절약하는 것이 가능하다. 부과의 주체가 통신사에서 신용카드사로 옮겨가고 동시에 이자가 5.9%에서 0%로 바뀌는 것뿐이다.

🗃 된장녀의 상징 스타벅스 다이어리

스타벅스의 썸머 프리퀀시 이벤트가 유독 화제였다. 이벤트 기간에 음료 총 17잔을 마시면 가방 혹은 캠핑체어를 받을 수 있는데 이 증정품을 고가에 되파는 리셀러들 때문에 심한 과열 양상을 보인 것이다. 급기야 주문한 17잔의 음료를 매장 앞에 그대로 버리고 증정품만 가지고 간 것까지 목격되어 기사로 보도되기도 했다.

스타벅스의 프리퀀시 이벤트는 본래 다이어리 증정 이벤트로 시작했다가 몇 해 전부터 여름에도 증정품을 걸고 진행하고 있다. 이 17잔은 미션 음료 3잔을 포함해서 마셔야 한다. 미션 음료는 시즌마다 바뀌지만 보통은 5,000원 이상의 음료들이 해당한다. 나머지 14잔은 아메리카노를 마시고 5,000원짜리 미션 음료 3잔을 마셨다고 가정하면 음료 값으로만 7만 2,400원을 지불하게 된다.

늘 스타벅스 커피를 마시는 사람이라면 괜찮지만 다이어리를

STARBUCKS
Summer Chair

▌스타벅스 서머 체어란?
이동과 보관이 편리한 사이즈의 포터블 체어 입니다.

▌스타벅스 서머 체어 종류

오렌지 / ORANGE
증정용
오렌지 | 그린 | 블루
3가지 색상이 잘 어우러진
피크닉 의자

그린 / GREEN
증정용 / 판매용(33,000원)
SUMMER TIME을
즐기는 사람들의 모습을
표현한 피크닉 의자

스카이 / SKY
증정용
스카이 | 옐로우 | 그레이
3가지 색상을 스트라이프
패턴으로 표현한 피크닉
의자

재질 프레임 : 스틸 | 시트 : 폴리에스터 | 파우치 : 폴리에스터
규격 W380 X D380 X H600 (*오차는 있을 수 있습니다.)

STARBUCKS
Summer Ready Bag

▌스타벅스 서머 레디 백이란?
피크닉 및 여행 시 사용할 수 있는 스타벅스 로고
디자인의 다용도 백입니다.

▌스타벅스 서머 레디 백 종류

그린 / GREEN
증정용
스타벅스 시그니처 그린 색상에
스타벅스 로고가 새겨진
하드 타입의 다용도 백

핑크 / PINK
증정용
파스텔톤 핑크 색상에
스타벅스 로고가 새겨진
하드 타입의 다용도 백

재질 케이스 : 폴리프로필렌 | 안감 : 폴리에스터
규격 W340 X H280 X D180 (*오차는 있을 수 있습니다.)

여행용 캐리어 백에 거치 가능한 홀더가 뒷면에 있어
여행 가방으로도 활용할 수 있습니다.

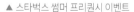

▲ 스타벅스 썸머 프리퀀시 이벤트

받기 위해 일부러 지불하기에는 많게 느껴지는 금액이다. 더군다나 이번 프리퀀시 증정품인 가방은 부피가 커서 한 매장에 10개 안팎으로 입고되어 구하기가 더욱 어려웠던 것도 이벤트 과열 양상에 한몫했다. 커피 17잔을 마시려면 아직 멀었는데 가방이 일찍 동났다, 새벽 6시부터 기다려도 못 받는다 등의 소문이 돌면서 가방의 몸값은 계속해서 올랐다.

스타벅스 커피를 마시는 여자를 '된장녀'라 칭하며 손가락질을 하던 때가 있었다. 벌써 10년 전 이야기이고 인식이 많이 바뀌었지만, 커피 17잔을 마시고 받는 증정품에 목을 메는 모습이 아직도 일부 사람들의 시선에는 좋아 보이진 않았을 터이다. 나도 과거에 커피 17잔을 열심히 마셔 다이어리를 받고 나면 동시에 허탈함을 느끼고 내가 고작 이걸 받으려고 커피값을 쓴 것인가 하는 자책에 빠지기도 했었다. 하지만 절약을 하는 입장에서 보아도 합리적으로 이벤트에 참여할 수 있는 방법이 있다.

스타벅스의 커피를 마시기 시작한 것이 벌써 15년이 넘었지만 스타벅스 활용법을 제대로 알게 된 것은 불과 몇 년 전이다. 노파심에 미리 이야기하자면 절대 편법이나 부당한 방법을 사용하지 않는다. 스타벅스 자체에서 시행하고 있는 고객 서비스들을 적절히 활용하는 것에 지나지 않는다.

17잔의 커피를 마시려면 매일 하루 한 잔을 마셔도 17일의 시간이 필요하다. 예전에는 이 정도면 충분했지만, 이벤트 증정품이 소진되면 추후에는 아메리카노 음료 쿠폰 2장으로 대체하기 때문에 늑장 부릴 여유가 없다. 이때 시간을 단축하기 위해 내가 사용하는 방법이 에스프레소 신공이다. 이미 '스타벅스 에쏘신공' 이라는 별칭으로 많은 사람들이 개인 블로그 등에 자세한 후기를 공유하기도 했다. 편의상 미션 음료 3잔은 제외하고 시간이 많이 걸리는 일반 음료 14잔에 대한 이야기를 다룬다.

에스프레소는 커피 원액인데 물과 섞으면 아메리카노가 된다. 아메리카노는 혼자서 14잔을 한 번에 마실 수 없지만 에스프레소는 혼자서 14잔을 구매할 수 있다. 물과 섞이기 전의 에스프레소 1샷은 22㎖

▲ 얼린 에스프레소

이고, 이 샷만 구매해서 물과 섞어 마시면 집에서도 스타벅스 커피를 즐길 수 있게 된다. 14샷을 구매해도 총 용량이 308㎖밖에 되지 않기 때문에 개인 텀블러에 받아오면 순식간에 14잔 미션을 클리어할 수 있다. 이렇게 텀블러에 담아온 에스프레소 샷은 얼음틀에 얼려서 하나씩 물에 담아 먹는다.

에쏘신공을 조금만 응용하면 비용도 절약할 수 있다. 카페에서는 환경보호를 위해 개인 텀블러에 음료를 마실 경우 혜택을 제공하는데 스타벅스는 음료 300원 할인과 스타벅스 자체의 리워드 수단인 별을 1개 적립 중 선택할 수 있다. 텀블러를 가지고 가서 에스프레소 14잔을 주문하면 300원씩 총 4,200원을 할인받거나 별 14개를 적립할 수 있다. 평소 스타벅스를 이용해서 리워드 제도를 잘 활용하는 편이라면 별을 적립받고 그렇지 않으면 300원 할인을 선택하면 된다.

결제를 스타벅스 카드로 할 경우 샷 추가가 무료로 제공된다. 에스프레소 1샷을 주문하면서 1샷을 추가하면 1잔 값으로 2잔을 구매하는 것이 된다. 같은 값으로 커피를 많이 마시고 싶으면 무료 샷 추가를 이용해보자.

각종 이벤트나 지인에게 선물로 받은 기프티콘도 이때 활용하면 좋다. 스타벅스 기프티콘은 금액권의 역할을 해서 꼭 기프티콘에 명시된 상품이 아니더라도 해당 상품의 가격만큼 구매하는 것이 가능하다. 예를 들어 아메리카노 톨(tall) 사이즈의 음료 쿠폰을 받았다면 정가인 4,100원 상당의 금액권처럼 이용할 수 있는 것이다. 한 번에 여러 장 사용하는 것도 가능하기 때문에 프리퀀시 이벤트 때 사용하면 지출 금액을 줄일 수 있다.

이것도 저것도 복잡하게 여겨진다면 스타벅스 할인 신용카드를 사용한다. 커피숍 할인 혜택을 담고 있는 신용카드 대부분이 스타벅스를 포함하고 있을 것이다. 많게는 60%까지 할인하는 카드도 있으니 가지고 있는 신용카드 혜택을 잘 살펴보자. 내 경우 스타벅스 50% 할인 신용카드와 기프티콘, 텀블러 혜택 등 할 수 있는 모든 수단을 동원해서 1만 2,300원에 프리퀀시를 완성하고 가방을 받았다.

시간과 비용을 줄이기 위해 조금 번거롭게 음료를 구매한 것은 사실이다. 조금이라도 적은 비용으로 구매하기 위해 결제하기 전에 계산기 두드리며 시뮬레이션하는 시간만 2~30분씩 걸린 적도 있다. 하지만 6만 원을 절약할 수 있으니 기꺼이 감수할 수 있는 번거로움이다.

비단 스타벅스 커피에만 해당하는 이야기는 아니다. 물건을 구매하기로 결정하고 지불이 이루어지기까지의 과정이 편리하고 단순하면 소비에 대한 머뭇거림이 사라진다. 그리고 이것이 반복되면 소비의 관성이 작용해 계속 돈을 쓰고자 하게 되는 것이다. 처음엔 2~30분이 길게 느껴질 수 있다. 하지만 속는 셈 치고 불편한 지출을 자처해보자. 약간의 번거로움으로 절약한 비용을 눈으로 확인하고 나면 다시는 정가에 물건을 사고 싶지 않을 것이다.

현금 영수증 자진발급

물건을 구매하면서 현금 영수증 발급을 신청하지 못해 아쉬워하는 경우가 가끔 생긴다. 쇼핑을 하면서 깜빡 잊고 현금 영수증 발급 요청을 까먹거나, 점원이 현금 영수증 발행을 못하는 경우도 생긴다. 하지만 모두들 잘 알겠지만 현금 영수증은 연말정산을 할 때 꽤 쏠쏠하게 활용된다. 현금 영수증의 소득공제율은 30%로 신용카드의 소득공제율보다 높기 때문이다. 이전까지는 발급받지 못한 현금 영수증을 아쉬워만 했다면 놓친 현금 영수증을 사후에도 발급받을 수 있는 방법이 있어 소개한다.

이때는 모바일 국세청 손택스 앱을 활용하면 된다. 물건을 구매하면서 현금 영수증 발급 신청을 하지 못했더라도 종이 영수증을 챙겨오면 추후에 직접 신청하는 것이 가능하다.

▲ 손택스 앱에서 현금 영수증 등록하기

손택스 앱에 로그인을 한 후, 메뉴-조회/발급-현금 영수증 수정-자진발급분 소비자 등록 순으로 이동한다. 승인번호, 거래일자, 사용금액을 순서대로 입력하면 되는데 구매하고 받아온 종이 영수증 하단을 보면 현금(자진발급) 부분이 있다. 이 부분을 참고해서 그대로 입력하면 된다. 주의할 점은 구매 다음 날부터 신청이 가능하다는 점이다.

PART
4

위기대처를 위한
총알장전

1 아무에게도 말할 수 없었던 나의 절약생활

가계부 작성과 함께 재테크에 대해서도 굉장히 오래전부터 관심을 가져왔다. 결혼 전까지만 해도 여유시간이 생기면 대형서점에 가서 재테크 서적을 구입해서 읽었다. 당시 시중에 나온 재테크 베스트셀러는 모두 섭렵할 정도였다. 그래서인지 주변에서 나에게 재테크 관련된 질문을 지금까지도 많이 한다. 그들이 보기에 늘 재테크 서적을 읽는 나의 모습을 보고 뭔가 많이 알고 있을 것이라 생각해서였을까? 아무튼 주변 지인들에게 나는 재테크 좀 아는 그런 사람이었다.

재테크에 대한 관심이 많다 보니 당시 유행하는 재테크 상품이나 재테크 방법들은 거의 다 따라 했던 것 같다. 대학교 1학년 때는 뭔지도 모르며 처음으로 CMA 통장을 개설했다. 펀드가 한창 유행일 때는 이런저런 펀드도 많이 가입했다. 책을 통해 금테크를 처음 접하고 금 통장을 만들어 조금씩 모으기도 했다. 이 통장은 아직도 가지고 있는데 코로나19 여파로 세계 경제의 불안한 상태가 지속되자 금 통장의 수익률은 60%를 훌쩍 넘기기도 하였다. 통장 돌리기가 유행할 때는 통장 돌리기를 위한 풍차 적금과 풍차 예금을 매달 가입했고 청약 통장이나 재형 저축 상품도 놓치지 않고 가입했었다. 하지만 이 모든 것이 그저 좋다고 하니 따라 한 것이다 보니 어느 하나 제대로 효과를 본 것이 없었다.

그러나 가정 경제의 위기를 맞고 내가 취할 수 있는 행동은 주식도 펀드도 환테크도 아니었다. 그저 가계부를 적으며 정해놓은 예산 안에서 생활하는 것이 최선이었다. 그리고 매일 출석체크를 하고 크고 작은 이벤트에 참여하며 푼돈을 불려가는 앱테크가 나의 일상이 되었다. 누군가는 궁상맞다고 말할지도 모르는 이런 하루하루가 쌓여 지금의 내가 되었지만 내 주변 어느 누구에게도 이런 나의 일상을 얘기할 수 없었다. 재테크를 잘 아는 애가 무엇 하러 그런 푼돈에 목숨을 거냐는 이야기를 듣기 싫어서였을 수도 있고 망한 것이나 다름없는 우리 집 사정을 숨기고 싶어서였을지도 모른다.

나의 절약생활 시작의 계기가 결국은 남편의 투자 실패로 인한 가정 경제 위기였기 때문에 처음에는 절약생활 자체가 창피했다. 그렇게 외로운 길을 걷게 되었다. 때문에 이 책을 쓴다는 것이 나에게는 굉장한 도전이었고 큰 의미가 되었다.

2 연간비에 대처하는 자세

결혼을 하고 나니 미혼일 때보다 이것저것 챙겨야 할 행사들이 많아졌다. 부모님과 같이 살 때도 내가 이렇게 기념일을 다 챙겼던가 싶다. 살림하랴 육아하랴 시간이 없다는 핑계로 자주 찾아뵙지 못하는 죄송함을 물질적인 것들로 만회하려는 것만 같았다. 명절과 생신, 어버이날 정도만 챙겨도 1년이 금방 지나갔다. 사회 초년생일 때는 체감하지 못했던 경조사비에 대한 부담도 나이 듦과 함께 커져갔다.

💳 절대 한 번에 준비할 수 없는 돈

'연간비'라는 말을 처음 들었던 것은 재테크 카페의 가계부 게시판에서였다. 단어의 뜻을 100% 정확히 설명할 수는 없었지만, 문맥을 보며 대략적인 의미 정도만 파악하고 있었다. 사실 그리 어려운 단어도 아니었다. 연간비란 1년 동안 발생하는 비용 정도로 풀어 쓸 수 있겠다. 그럼에도 정확히 어떻게 운용해야 하는지, 얼마를 모아야 하는지 막막하기만 했다.

앞서 이야기했던 명절과 어버이날, 각종 기념일들 외에도 매년 반복되는 연례 행사들이 참 많이 있다. 이때 발생하는 비용들을 미리 대비한다는 점에서는 비상금과 비슷하지만 시기와 대략적인 금액을 예측할 수 있다는 것에 차이점이 있다.

	내용		내용
1월	자동차세(연납), 설날	7월	재산세
2월	부모님 생신	8월	주민세, 여름휴가, 부모님 생신
3월		9월	재산세
4월		10월	추석
5월	어린이날, 어버이날, 남편 생일, 결혼기념일	11월	
6월	자동차보험	12월	부모님 생신, 크리스마스, 연말

▲ 연간비 항목 예시

고수들의 가계부에는 연간비를 활용하여 여름휴가를 다녀오고 세금이나 자동차 보험료를 납부한 이야기들이 자주 등장한다. 재산세를 납부하는 7월이 되면 지출이 증가하기 마련인데 연간비를 사용해

가계지출에 큰 흔들림이 없이 유지하고 있다는 이야기도 있었다. 현금 여력이 전혀 없던 나로서는 그들이 대단해 보였고 한편으로는 약간의 거부감도 들었다. 왜 연간비를 마련해야 하고 그렇게 하면 뭐가 좋은지 머리로는 이해가 되지만 생활비조차 감당하기 어려운 현실에서는 신용 카드 무이자 할부 혜택만 조회하고 있던 나였기 때문이다.

아직도 우리 집은 1년 치 연간비를 완벽하게 준비하고 있지 못하다. 연간비를 준비하려면 먼저 필요한 비용을 따져보아야 한다. 내 경우 앞의 예시처럼 매년 반복되는 이벤트들을 월별로 미리 정리 해둔다.

올 초 신문기사에 따르면 직장인들이 명절에 가족 용돈 등으로 지출하는 금액이 기혼인 경우 1인당 평균 약 56만 원, 미혼의 경우 약 39만 원 정도를 쓴다고 한다. 기혼 가정은 설과 추석에만 120만 원 가까이 쓴다는 것이다. 이뿐만이 아니다. 자동차를 보유하고 있다면 자동 차세와 자동차 보험료, 그리고 각종 정비에 드는 비용이 있을 것이고, 7, 8, 9월은 재산세와 주민세의 달이다. 2, 3월은 졸업 입학 시즌이라고 돈

쓸 명분을 만들어주었고 5월은 가정의 달이라 허리가 휜다. 여름휴가와 연말 역시 각종 행사 비용도 뺄 수 없다. 여기에 각종 기념일들까지 챙기다 보면 우리 집의 경우 보수적으로 계산해도 1년에 1,000만 원 이상이 필요하다. 매월 적어도 100만 원씩은 적립해두어야 한다는 계산이 나온다.

정말, 매월 100만 원을 따로 적립하는 것이 가능할까? 매달 100만 원을 저축하라는 것과는 다르다. 한 달 수입에서 고정지출 빼고 변동지출도 빼고 당연히 저축액도 뺀 돈이다. 쉽게 말해 월급 받아 쓸 것 다 쓰고 추가로 100만 원을 미래의 지출을 위해 적립해둔다는 것이다. 이야기만 들어봐도 결코 쉽지 않겠다는 생각이 들 것이다. 우리 집이 아직도 1년 치 연간비를 준비하지 못한 이유이기도 하다.

💳 족보 있는 통장들

코로나19 이전부터 금융권의 비대면 거래가 활성화되면서 요즘에는 종이 통장이 거의 자취를 감추었다. 견출지를 붙여가며 통장에 이름을 지어주는 재미는 더 이상 느낄 수 없지만 온라인으로 만든 통장에도 그

목적을 생각해서 이름을 붙여주고 있다. 태어날 때부터 쓰임이 정해진 통장들이다. 미래의 지출을 대비하기 위한 '목적자금'인 것이다. 보통 미래의 지출을 대비한다고 하면 노후자금이나 주택마련자금 혹은 자녀 교육자금 등 비교적 큰 금액으로 중장기 계획을 먼저 떠올린다.

하지만 의외로 간과하는 것이 소액지출이다. 적은 금액이라고 생각하지만 모이면 큰돈이 되고 생활비에 영향을 미친다. 지난달 카드 고지서를 살펴보자. 수십만 원에서 수백만 원짜리 고가의 물건이 아닌 인터넷 최저가로 구매한 1만 9,900원짜리 티셔츠와 로켓배송으로 주문한 2만 원짜리 전표들이 가득할 것이다. 머뭇거림 없이 이뤄진 소액 지출들이 한 달 뒤 200만 원짜리 고지서가 되어 돌아왔다. 푼돈이 모여 봤자 푼돈이라는 생각이 든다면 카드 고지서를 꼭 살펴보자.

연간비 명목으로 한 달에 100만 원씩 여유자금을 따로 모으는 것이 어렵다면 항목별로 하루에 1,000원, 한 달에 5,000원 정도의 소액 으로 접근해보자.

내 경우 3년째 하루 1,000원씩 강제 저축을 하고 있다. 이 돈은

▲ 목적을 가지고 가입한 저축들

다음 해 재산세를 납부하는 데 쓰인다. 물론 이 금액으로 재산세 전부를 납부하기에는 부족하다. 하지만 한 푼도 준비되어 있지 않은 것보다는 가계의 현금흐름을 안정적으로 유지해주는 장치가 된다. 하루 1,000원 이라는 부담 없는 금액 덕분에 만기까지 중도해지 없이 완주할 수 있고 이로 인한 성취감도 재테크의 마인드를 다지는 데 긍정적인 작용을 한다. 올해는 처음으로 재산세 1, 2분기용 2개의 강제 저축에 도전하고 있다. 처음부터 연간비를 완벽하게 대비하려고 했다면 아직도 시작을 하지 못했거나 시작을 했더라도 중도에 포기했을지도 모른다. 푼돈의 가치를 알고 조금씩 모아가다 보니 저축액을 2배로 늘리는 날도 오게 되었다.

현재 2016년식 소형 승용차를 타고 있는데 자동차세를 1월에 연납으로 할인을 받으면 20만 원 초반의 자동차세가 부과된다. 이를 위해 매월 2만 원씩 모아 다음 해 자동차세를 대비하고 있다. 최근에 엔진오일 교체할 일이 있었는데 이것도 미리 쪼개서 모아놓으면 좋겠다 싶어서 아주 소액이지만 월 5,000원씩 차량 정비 명목으로 모으는 중이다.

이렇게 각기 목적에 따른 이름이 붙은 족보 있는 통장들을 20여 개 가지고 있다. 요즘에는 입출금계좌를 만드는 것이 까다롭지만 이미 거래를 하고 있는 은행의 적금계좌를 개설하는 것은 매우 편리하다. 대부분 스마트폰앱을 이용한 비대면 거래를 하기 때문에 새벽시간에도 갑자기 떠오르면 쉽게 적금을 개설할 수 있다. 소비에도 관성이 있다고 했는데 요즘은 각종 금융 상품들을 소비하는 관성에 빠져 있다.

금액에 연연하지 말고 미래의 지출 시기와 금액을 대략적으로 라도 예측할 수 있는 항목들로 족보 있는 통장들을 미리 만들어보자. 하루 1,000원, 한 달 5,000원이면 어느 정도 연간비 항목이 해결된다. 당장 월 100만 원을 모아야 한다는 생각에 좌절부터 하기보다 항목별로 하나하나 미션을 클리어해보자. 이 과정에서 재미와 함께 성취감도 느낄 수 있을 것이다.

🪪 매월 연금 받는 반려견

우리의 인생은 늘 알 수 없는 방향으로 흘러간다. 그리고 그 끝에는 늘 돌발지출이 우리를 기다리고 있다. 보통은 적지 않은 금액으로 말이다.

예산도 설정했고 나에게 맞는 가계부도 골랐다. 꾸준히 앱테크를 하다 보니 생활비가 줄어드는 게 눈에 보이고 조금씩 흥미도 생겼다. 그러다 갑자기 200만 원의 돌발지출이 생겼다면. 공든 탑이 무너지는 것 같은 기분이 들 것이다. 대비책이 마련되어 있지 않은 상태에서 우리가 기댈 수 있는 곳은 카드사의 할부나 현금서비스, 마이너스 통장 혹은 예·적금 중도해지 정도이다. 꼬박꼬박 잘 써오던 가계부도 덮어버리고 싶을 것이다. 예기치 못하게 발생한 돌발지출은 아끼며 살아온 지난 시간을 무의미하게 만든다.

나의 경우 어제까지 뛰어놀던 강아지가 갑자기 쇼크 증세를 보여 병원에 가게 되었다. 더위를 먹은 것이겠거니 했지만 평생 약물치료를 해야 하는 희귀 질환이라는 진단을 받았다. 짧게는 2주, 길게는 4주에 한 번씩 검사를 하고 약 처방을 받아야 한다. 한 번 내원할 때마다 10만 원이 넘는 병원비가 들었다. 일회성으로 끝날 비용이 아니기 때문에 매월 일정 금액의 예금에 가입해 대비하기로 했다. 처음에는 10만 원씩을 예치하다가 중간에 금액을 늘려 13만 원씩을 모으고 있다.

정기예탁금 세금우대저축		단비10	130,000 원	2021.03.25		조회
정기예탁금 세금우대저축		단비11	130,000 원	2021.04.28		조회
정기예탁금 세금우대저축		단비12	130,000 원	2021.05.28		조회
정기예탁금 세금우대저축		단비4	100,000 원	2020.09.24		조회
정기예탁금 세금우대저축		단비5	100,000 원	2020.11.06		조회
정기예탁금 세금우대저축		단비6	100,000 원	2020.11.25		조회
정기예탁금 세금우대저축		단비7	100,000 원	2021.01.08		조회
정기예탁금 세금우대저축		단비8	130,000 원	2021.01.30		조회
정기예탁금 세금우대저축		단비9	130,000 원	2021.03.02		조회

▲ 반려견 단비를 위한 예금들

적금이 아니라 매달 새로운 예금을 가입한 이유는 이 돈의 쓰임새 때문이다. 만약 1년 뒤 수술을 하거나 비용이 많이 드는 치료를 받아야 했다면 매월 일정 금액을 적립하는 적금에 가입했을 것이다. 만기가 되면 목돈을 받고 그 돈으로 치료비를 충당할 수 있다. 하지만 매월 비슷한 금액의 병원비가 쭉 발생할 것이기 때문에 1년 뒤에 쓸 수 있는 목돈보다는 매월 병원비를 충당할 수 있는, 딱 병원비만큼의 비용이 필요했다. 동물 병원비 명목으로 매달 1년 만기 정기예금을 풍차 돌리듯 가입하고 있는데, 1년이 지난 시점부터는 연금 나오듯이 매달 꼬박꼬박 병원비가 나오고 있다. 연금 받는 반려견이라니!

동물병원에서 신용카드로 결제를 하고 혜택을 챙기거나 카드 이용실적을 쌓는다. 매월 만기가 돌아오는 예금을 활용해서 신용카드 선결제를 한다. 스마트폰을 활용하면 시간과 장소에 구애없이 선결제를 할 수 있어서 편리하다.

📇 예금의 적금화 vs. 적금의 예금화

흔히 목돈을 모으는 것은 적금, 목돈을 굴리는 것은 예금 상품이 적합

하다고 생각한다. 각 상품 고유의 특성을 생각하면 틀린 말은 아니지만, 꼭 그런 것만은 아니기 때문에 나의 경우 어떻게 활용하고 있는지 이야기해보려 한다.

2019년 카카오뱅크에서 26주 적금 상품의 이자 2배 이벤트를 진행한 적이 있었다. 기존에 해당 적금을 가지고 있었지만 이벤트 소식에 추가로 가입을 하기로 했다. 순간 이용자가 몰리면서 앱이 마비되었고 고객센터 전화가 불통이 되기도 했을 만큼 사람들의 관심이 높았다. 하지만 만기까지 그 분위기가 이어지지는 못했다. 막상 뚜껑을 열어보니 홍보를 통해 접했던 내용만큼의 좋은 상품이라고 생각이 들지 않았던 것이다. 이자가 2배라고 해서 가입했는데 이자가 너무 적다는 이야기가 가장 많았고, 심지어 '꼼수', '사기'라는 표현도 서슴지 않았다.

적금 상품의 이자 지급은 다음의 그림처럼 점점 짧아지는 계단의 모습이다. 매달 10만 원씩 정기적금 상품에 가입했고 편의상 이율은 연 12% 비과세라고 가정해보자. 1회차에 납입한 10만 원은 만기까지 12개월 동안 예치되어 있기 때문에 12번의 이자를 모두 받을 수 있다. 2회차는 한 달 늦게 불입했기 때문에 11개월만 예치되고 이자도 11번

	2019.1.1	2019.2.1	2019.3.1	2019.4.1	2019.5.1	2019.6.1	2019.7.1	2019.8.1	2019.9.1	2019.10.1	2019.11.1	2019.12.1	2020.1.1	만기
1회차	100,000	1,000	1,000	1,000	1,000	1,000	1,000	1,000	1,000	1,000	1,000	1,000	1,000	112,000
2회차		100,000	1,000	1,000	1,000	1,000	1,000	1,000	1,000	1,000	1,000	1,000	1,000	111,000
3회차			100,000	1,000	1,000	1,000	1,000	1,000	1,000	1,000	1,000	1,000	1,000	110,000
4회차				100,000	1,000	1,000	1,000	1,000	1,000	1,000	1,000	1,000	1,000	109,000
5회차					100,000	1,000	1,000	1,000	1,000	1,000	1,000	1,000	1,000	108,000
6회차						100,000	1,000	1,000	1,000	1,000	1,000	1,000	1,000	107,000
7회차							100,000	1,000	1,000	1,000	1,000	1,000	1,000	106,000
8회차								100,000	1,000	1,000	1,000	1,000	1,000	105,000
9회차									100,000	1,000	1,000	1,000	1,000	104,000
10회차										100,000	1,000	1,000	1,000	103,000
11회차											100,000	1,000	1,000	102,000
12회차												100,000	1,000	101,000
														1,278,000

▲ 적금 이자 시뮬레이션

만 받는다. 같은 원리로 3회차, 4회차, 5회차 이후 회를 거듭할수록 이
자 지급이 줄어든다. 그러다 제일 마지막 12회차에 납입한 10만 원은
만기 한 달 전에 예치하였으므로 예치된 한 달 동안의 이자만을 받는다.

이해하기 쉽게 정리하면 처음에 납입한 금액에 대해서는 이자
를 오래(많이) 받고 늦게 납입할수록 이자를 짧게(적게) 받는다. 예시에
서는 매월 10만 원씩 동일한 금액을 납입했지만 카카오뱅크 26주 적금
은 최초 시작 금액은 1,000/3,000/5,000/1만 원 중 선택하여 매주 그 금
액만큼 증액해서 납입하는 형태의 자유적금이다. 1,000원으로 가입했
다면 매주 1,000원씩 증액되어 2주차에 2,000원, 3주차에 3,000원으

로 점차 늘어나고 마지막 26주차에는 2만 6,000원을 납입한다. 이런 특수한 형태의 납입 구조를 띄고 있다 보니 상대적으로 이자가 적게 느껴지는 것이 당연하다. 사실 그렇게 느껴지는 것이 아니라 실상이 그렇다. 이자가 생각보다 적다.

적금 상품은 그림에서도 살펴보았듯이 초반에 납입한 금액에 대해서 이자를 많이 받는 구조이다. 이자를 가장 많이 받을 수 있는 1회차의 납입액은 1,000원이고, 가장 이자를 적게 받는 26회차의 납입액은 2만 6,000원이다. 적은 금액에 대해서 이자를 많이 주고 큰 금액에 대해서는 이자를 적게 준다는 뜻이다.

연금 받는 반려견 이야기로 돌아와보자. 현재 매달 13만 원씩 목적자금을 불입 중이다. 앞으로 매달 동물병원에서 치료비로 쓰일 돈이다. 보통 매달 넣는 것은 적금, 예금은 1년이면 1년, 6개월이면 6개월 기간을 정해 놓고 예치해두는 돈이라고 생각한다. 틀리지 않았다. 나도 1년짜리 예금으로 동물병원 비용을 마련하고 있으니 말이다. 예금인데 매달 13만 원씩 불입한다는 것에 의아하다면 다음 그림을 참고해보자.

	2019.1.1	2019.2.1	2019.3.1	2019.4.1	2019.5.1	2019.6.1	2019.7.1	2019.8.1	2019.9.1	2019.10.1	2019.11.1	2019.12.1	2020.1.1	만기	
1회차	100,000	1,000	1,000	1,000	1,000	1,000	1,000	1,000	1,000	1,000	1,000	1,000	1,000	112,000	만기
1회차		100,000	1,000	1,000	1,000	1,000	1,000	1,000	1,000	1,000	1,000	1,000	1,000	112,000	만기
1회차			100,000	1,000	1,000	1,000	1,000	1,000	1,000	1,000	1,000	1,000	1,000	1,000	112,000

▲ 예금의 적금화 사례

위 적금 설명 그림과 얼핏 비슷해 보인다. 계단 모양의 구조를 하고 있지만 적금처럼 계단이 점점 짧아지지 않고 불입 기간 내내 동일하다. 예금 상품의 이자 지급 구조이다. 때문에 매월 10만 원씩 1년 만기의 정기예금을 신규로 가입한다. 1년이면 총 12개의 예금 통장을 갖게 되는 것이다. 1회차의 10만 원도 12회차의 10만 원도 동일한 이자를 받는다.

비슷하게 활용할 수 있는 것으로 자유적금 상품이 있다. 정기적금과는 다르게 납입일자나 금액 등에 제한이 없기 때문에 가입 시 최초에 10만 원을 불입해 놓고 만기 때 찾으면 된다. 마찬가지로 매월 1년 만기의 자유적금을 신규로 가입한다. 이자가 지급되는 방식이 동일하기 때문에 정기예금과 자유적금의 금리를 비교해보고 조금이라도 더 받을 수 있는 상품을 선택하면 좋다.

매달 새로운 상품에 가입해야 하기 때문에 번거로운 것은 사실이다. 그럼에도 이런 번거로움을 자처하는 이유는 내 스스로 돈의 흐름을 컨트롤하고자 하는 생각 때문이다. 돈의 흐름에 내가 맞춰가는 것은 매우 비생산적이다. 결코 돈을 앞지를 수 없다는 것을 알고 있기 때문에 적은 금액이더라도 스스로 현금흐름을 만들어둔다. 그리고 그것이 세분화되어 있을 때 더욱 빈틈없이 작용한다.

월급 200만 원이라는 하나의 현금흐름일 때와 보험료 30만 원, 통신비 10만 원, 변동비 40만 원, 동물병원비 10만 원과 같이 세분화된 현금흐름일 때를 비교해 생각하면 이해하기 쉬울 것이다. 예기치 못한 일이 벌어졌을 때도 해당 부분에 대해서만 수습하면 되기 때문에 리스크적인 측면에서도 유리하다고 할 수 있다.

3 경제적 자유를 꿈꾸는 머니메이트들

나는 절약생활을 하는 우리가 전쟁터에 나와 있다고 생각한다. 그리고 이 전쟁은 절대로 끝나지 않는 전쟁이다. 정해진 한 달 예산 안에서 잔액 사수 게임을 펼치는 것은 흥미롭다. 하지만 정말 그 한 달로 모든 것이 끝나는 것은 아니지 않는가? 잔액 사수에 성공해도 다음 달과 그다음 달에도 잔액 사수는 계속 이어져야 하고 실패했다 하더라도 스스로 포기하지 않는 한 무한대의 기회가 주어지는 것이니 일희일비할 필요도 없다. 긴 호흡으로 시선을 멀리에 두고 꾸준히 자신과의 싸움을 하는 것이다.

모든 일이 그렇듯 절약생활에도 슬럼프가 찾아온다. 이를 짠테크와 권태기의 합성어로 '짠태기'라고 부른다.

누구에게나 짠태기는 온다. 한 번만 오는 것도 아니고 여러 번 찾아온다. 잦은 빈도로 오기도 하고 뜸하다가 불시에 찾아오기도 한다. 한 번씩 좌절하고 현실을 비관하게 될지도 모른다. 푼돈이라는 수식어 조차 사치스러울 1원, 2원을 모아보겠다고 스마트폰만 쳐다보고 있던 내가 하찮게 느껴진다. 이는 결국 자존감 하락까지 이어진다. 이번 챕터에서 위기 대처를 위한 총알 장전을 주제로 한 내용들을 다루었지만, 가장 중요하게 대처해야 할 위기는 바로 나 스스로가 내면적으로 겪게 될 위기일 것이다.

나는 이러한 위기에 대한 준비가 전혀 되어 있지 않은 상태에서 스스로를 전쟁터로 내몰았다. 짠태기가 왔을 때 같이 공감하고 위로해 줄 누군가가 반드시 필요하다. 하지만 그 누군가가 존재한다는 것 자체가 나를 더 위태롭게 만들 것 같다는 생각을 했었다. 그러던 중 '절약저축모임'이라는 오프라인 재테크 소모임에 참여하게 되었다. 사실 가계부를 쓰고 앱테크로 생활비가 줄어드는 것이 신세계를 경험하는 듯 했지만 절약저축모임을 통해 알게 된 머니메이트들과 나누는 모든 일상적인 대화는 짠태기에 빠져 있던 당시의 나에게는 신기루 같았다.

아이템매니아 출석체크 만근에 실패해서 1,000원짜리 컬쳐랜드 상품권을 놓친 달, 아쉬움에 하늘이 무너지는 것 같고 기운이 빠졌다. 하지만 이런 이야기를 주변 친구한테 한다면 "얼마짜리 상품권인데", "야, 그 1,000원 내가 줄게"로 대화가 끝날 것이다. 그리고 다시는 그 친구에게 앱 테크 이야기를 하지 않을 것이다. 내가 가장 두려워하는 것이었다.

절약저축모임 멤버들과의 단체 카톡방에서는 같은 주제로 이야기가 시작되면 여기저기 공감하는 목소리에 각종 이모티콘까지 더해지며 함께 울어주고 토닥여준다. 그게 뭐라고 또 금방 기분이 풀린다. 다음 달엔 놓치지 말고 잘 챙겨야지 하는 다짐으로 마무리된다. 이들과 함께 있을 때는 적어도 내가 이상한 사람이 되지 않아도 된다.

재테크 소모임을 시작한 뒤로 가장 좋은 점은 이렇게 대화가 통하는 사람들이 생겼다는 점이다. 나와 일상이 같은 사람들과 하는 대화가 이렇게 즐거운 것이라는 것을 처음 알게 되었다. 비슷하면서도 다른 듯한 5명으로 구성된 이 모임에는 '경자메'라는 이름도 붙여주었다. '[경]제적 [자]유를 위한 머니[메]이트들'이라는 뜻이다. 처음에는 재테

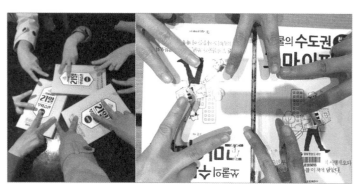

▲ 경자메의 오프라인 활동 모습

크 소모임의 과제를 하면서 시작됐지만 정식 모임 활동이 끝난 뒤에도 주체적으로 모임을 이어갔고 2년째 유지되고 있다.

뒤늦게나마 소모임 활동을 하면서 소중한 머니메이트들을 곁에 두게 되었지만 그렇지 않았다면 아직도 마음의 문을 닫고 누구하고도 소통하지 않으려 했을 것이다. 어쩌면 이 책이 세상에 나오는 일도 없지 않았을까….

절약생활을 하며 푼돈 모으는 내 모습에 궁상맞다며 핀잔을 주는 친구가 있다면, 잘 해오던 출석체크 하루를 빼먹고 만근에 실패해 우울하다면 먼저 나와 이런 일상을 나눌 수 있는 사람이 주변에 있는지 살펴보자. 결혼을 했다면 배우자와 머니메이트가 되는 것이 가장 이상적이지만 꼭 그렇지 않다 하더라도 나처럼 모임을 통해서 혹은 온라인 커뮤니티를 통해서도 충분히 머니메이트를 만들 수 있다. 중요한 것은 그게 누가 되었건 간에 내 이야기를 들어주고 공감해줄 누군가가 한 명은 반드시 있어야 한다는 것이다. 우리의 길고 긴 게임을 위해서는 말이다.

PART
5

돈의 흐름을
스스로 주도하라

1 플플마마 : 플러스는 늘리고 마이너스는 줄이고

가정 경제 상황이 최악이 되었음에도 불구하고 조기 복직 없이 3년의 육아휴직을 모두 사용했다. 나를 잘 모르는 사람들은 남편의 벌이가 굉장히 좋은 줄 알기도 하고, 나를 아는 사람들마저 서울 신혼 집의 시세 차익으로 재미를 본 정도로 알았다. 실상은 그렇지 못했지만 그들에게 구구절절 설명할 수 없었다.

출산 후 육아휴직으로 일시적인 외벌이 가정이 되었다. 소득이 절반으로 줄었지만 휴직 첫 1년은 국가에서 지급하는 육아휴직 급여 월 75만 원으로 겨우겨우 버텨냈었다. 휴직 2년 차부터는 수입이 전혀 없다 보니 반년 정도는 많이 힘들었다. 그러던 중 설상가상으로 가정 경제 위기까지 겪으며 조기복직을 고려한 적도 있었다. 휴직을 이어가기로 결정을 내리기까지 많은 고민을 했다. 외벌이 생활도 어느 정도 적응이 되어가는 중이었고, 돈에 떠밀려 이렇게 강제로 복귀하고 싶지 않았다. 아직 보살핌이 필요한 아이도 눈에 밟혔다. 무엇보다 예산을 정해 놓고 가계부를 쓰는 것이 습관이 되다 보니 생활비가 눈에 띄게 줄어들고 있었다. 여유가 있지는 않았지만 그럭저럭 견뎌낼 수 있었고 더 잘할 수 있다는 자신감도 있었다. 오히려 복직을 하면 식비와 교통비, 꾸밈비 그리고 아이 돌봄비 등 내가 통제할 수 없는 비용들이 증가하게 될 것이 불 보듯 뻔했다.

매달 꼬박꼬박 정해진 급여를 받는 것은 아니었지만 나에게도 어느 정도의 수입은 있었다. 주로 앱테크를 통한 수익, 중고 거래 수익, 기프티콘 수익 등을 부수입으로 따로 관리했다. '앱테크'라는 것을 처음 접했을 때는 약 8~9년 전이다. 그때는 열심히 손품을 팔아 모은 포인트로 한 번씩 기분을 내며 치킨을 시켜 먹었다. 공짜 치킨이라 기분은 좋았지만, 그 이상도 이하도 아니었다.

그래서 나는 부수입을 꼭 따로 관리하기를 추천한다. 생활비에 녹여서 쓰거나 과거의 나처럼 한두 번의 공짜 치킨과 맞바꾸지 않았으면 한다. 스마트폰이나 들여다보면서 개인정보 좀 팔고 얻는 푼돈이라고 말하는 사람들도 있겠지만 엄연히 내가 들인 시간과 노력에 대한 소중한 대가이다.

수입이 줄어들었으니 플러스 요소가 될 수 있는 부수입은 더 늘리고 마이너스가 될 수 있는 지출, 그중에서도 고정비의 대부분을 차지했던 대출 원리금을 줄여야만 했다.

📇 100일 동안 부수입 100만 원 모으기

기존에 나의 부수입원은 주로 앱테크나 기프티콘 판매를 통한 현금화와 중고 거래, 그리고 약간의 금융 이자와 투자 수익이었다. 부수입 목표액을 정해놓고 모은 적은 없었지만 대략 한 달에 10만 원 안팎을 유지했고 많은 달에는 20만 원까지 늘기도 했다. 수입의 대부분은 부수입 통장에 모아 두었지만 일부 투자 수익은 투자 통장으로 들어가서 재투자되기도 하고 생활비 예산 잔액들과 비정기적으로 발생하는 기타 수입으로는 대출 원금을 상환했다. 체계적이지 못했고, 부수입을 모으고는 있지만 늘 어딘가 찜찜한 기분이었다 매달 있는 '경자메' 모임에서는 부동산 정책이나 바뀐 세법에 대해 공부를 하기도 하고 재테크 책을 함께 읽고 서평을 나누기도 했다. 활동이 끝나면 반드시 다음 달 목표를 정하고 헤어진다. 작년 가을, 함께 부수입 모으기 프로젝트를 해보자는 의견이 나왔고, 그 금액과 기간에 대해 시간을 갖고 논의하다 '100일 동안 100만 원'이라는 목표를 정했다. 나는 이 프로젝트에 '백백플(백일 동안 부수입 백만 원 모으기 프로젝트)'이라는 이름도 붙여주었다. 그만큼 잘 해보고자 하는 욕심이 있었고 애정도 있었다.

지금까지 한 달에 10만 원 안팎의 부수입을 모아왔다 보니 3개월이 조금 넘는 기간 동안 100만 원을 모으려면 부수입을 최소 3배 이상 늘려야 한다는 계산이 나왔다. 이 부분은 나뿐만 아니라 다른 경자메 멤버들에게도 부담스러운 부분이었다. 100만 원이라는 금액이 정해지기까지 오랜 시간이 걸린 것도 그런 이유였다. 하지만 실패하더라도 모두가 함께하는 첫 번째 프로젝트라는 데 의의를 두고 기쁜 마음으로 시작했다.

가정 경제 상황이 안정적으로 자리 잡기 위해서는 대출 원리금을 줄이는 것이 0순위 과제였기 때문에 생활비 잔액은 무조건 대출 원리금 중도상환에 쓰였다. 프로젝트에서는 이 금액까지도 부수입금액에 포함시켰다. 생활비 잔액 또한 부수입 항목에 넣기로 한 것은 프로젝트 목표와 생활비가 남으면 10원도 남기지 않고 대출을 갚는 나의 원칙을 깨지 않고 실행하기 위해서였다. 하지만 대출 원리금 상환액까지 부수입으로 잡다 보니 100만 원이라는 목표가 조기에 달성되어 프로젝트 최종금액 산정에서는 대출 원리금 상환액은 제외하는 쪽으로 약간 방향을 수정하기도 했다.

프로젝트 초반에는 모두 의욕이 넘쳐 매일 부수입 인증을 하며 무서운 속도로 금액을 늘려갔다. 기존의 부수입원 외에 추가적인 수단이 생긴 것이 아님에도 불구하고 기간과 금액의 목표가 정해진 것만으로도 부수입은 늘어가고 있었다. 항목별로 내용을 간단히 정리하자면 다음과 같다.

기프티콘 318,951원

그동안 나의 부수입에서 가장 큰 비중을 차지하던 항목이다. 주로 이벤트로 받은 기프티콘이나 핫딜로 저렴하게 구매한 기프티콘을 판매한다. 차액이 10원이 되더라도 모두 판매해서 부수입으로 포함시켰다.

중고 거래 269,200원

중고 거래 물품은 육아용품이 주를 이루었다. 지역 맘카페나 아파트 단지 커뮤니티 카페 그리고 당근마켓과 같은 중고 거래 앱을 이용했다. 지역 카페에서 주최하는 알뜰장터에 셀러로 두 번 참여했고, 염가이긴 하지만 규모가 있는 마켓에서 한 번에 많은 양을 처분할 수 있었다. 이때 비교적 큰 금액을 쌓았다.

앱테크 183,613원

앱테크를 통해 쌓은 각종 포인트나 적립금 중 현금화 가능한 것을 앱테크 항목으로 분류했다. 신용카드 포인트와 같이 지출의 부수적인 적립금은 제외하고 나의 노력에 의한 부수입만 포함시켰다.

금융 이자 74,727원

가계 재정 상황이 불안정하다 보니 1~3개월짜리 단기 예·적금 상품만 주로 운용했다. 기간이 짧은 만큼 이자도 적었지만 발생할 때마다 즉시 부수입 통장에 쌓았다. 그 외에 꾸밈비나 재산세 등을 위한 목적자금 저축들도 만기가 되면 원금은 원래 목적에 맞게 사용하고 이자는 부수입 통장으로 이체시켜 쌓았다.

투자 수익 233,542원

소소하게 공부 삼아 하고 있던 주식투자에 따른 수익이다. 워낙 적은 금액으로 하는 투자이다 보니 수익률이 높았어도 금액 자체가 크지는 않았다. 초반에는 투자수익을 부수입으로 완전히 분리시키다가 프로젝트 후반부터는 재투자하기도 해서 금액이 100% 정확히 반영된 것은 아니다.

'앱테크'라는 세부 항목으로 구분을 짓기는 했지만 나의 모든 부수입은 스마트폰 앱을 통해 발생한 것이다. 기프티스타나 니콘내콘 같은 거래 앱으로 기프티콘 현금화 수입을 만들었고 중고 거래도 당근마

► 전체 항목별 금액 및 비중

항목	금액	백분율
기프티콘	318,951	6.39%
중고거래	269,200	5.39%
앱테크	183,613	3.68%
금융이자	74,727	1.50%
투자수익	233,542	4.68%
원금상환	3,878,587	77.71%
기타	32,778	0.66%
총합계	4,991,398	

► 원금상환액 제외 금액 및 비중

항목	금액	백분율
기프티콘	318,951	28.66%
중고거래	269,200	24.19%
앱테크	183,613	16.50%
금융이자	74,727	6.72%
투자수익	233,542	20.99%
기타	32,778	2.95%
총합계	1,112,811	

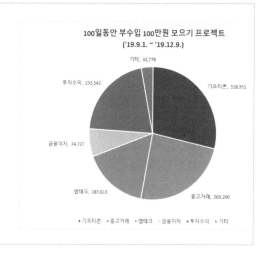

▲ 백백플 항목별 성과

켓이라는 앱을 이용했다. 스마트폰 비대면 거래를 통해 가입한 상품들로 금융 이자를 만들어내고 주식투자도 증권사 모바일 트레이딩 시스템인 MTS만을 이용했다. 넓은 의미에서 본다면 전부 앱테크를 통해 부수입을 창출한 것이라 해도 과언이 아니다.

결국, 9월에 시작한 부수입 프로젝트는 100일 뒤인 12월에 부수입 총액 1,112,811원으로 마감했다. 생활비 예산 안에서 한 달 살기에 성공했을 때와는 또 다른 성취감을 느꼈다.

사실 부수입에 관해서는 한 달에 100만 원 이상씩 모으는 고수분들도 이미 많이 있기 때문에 이런 이야기를 담는 것이 조금 쑥스럽기도 하다. 하지만 육아와 살림을 병행하면서 현실적으로 활용할 수 있는 자투리 시간만 투자한 결과이기 때문에 나름의 의미가 있지 않을까 하고 용기를 내었다.

무엇보다도 부수입을 그냥 모아가는 것과 구체적인 목표를 정하고 모으는 것에 큰 차이가 있었다는 것을 너무나 강조하고 싶었다. 처음부터 큰 금액을 모으려 하기보다는 작은 것부터 달성해나가고 한 단계씩 목표를 상향한다면 백백플은 누구나 성공할 수 있는 프로젝트임을 장담한다.

💳 이자에 이자를 더하다

부수입 목표 달성을 성공하고 나니 멈추지 말아야 한다는 사명감 비슷한 것이 생겼다. 다음에는 더 잘할 수 있겠다는 자신감은 덤이었다. 올해에는 작년 목표보다 조금 더 올려 1년에 500만 원이라는 부수입 목표액을 잡았다.

새로운 목표에 맞게 부수입 통장도 새로 만들었다. 일반 입출금계좌의 경우 대포 통장 등 금융사기에 악용될 가능성 때문에 통장을 개설한 날로부터 20영업일 이내에는 추가 개설에 제한이 있다. 오늘 입출금계좌를 개설했으면 앞으로 20영업일이 지나기 전까지는 추가로 계좌를 개설할 수 없다는 뜻이다. 휴일을 제외한 20영업일의 개념이기 때문에 실제로 대략 한 달 정도가 지나야 개설이 가능하다. 하지만 일반 입출금계좌가 아닌 예·적금계좌의 경우 이러한 제한을 받지 않는다. 이 점을 부수입 통장에 잘 활용해서 이자에 이자를 더해 받고 있다. 1년짜

계좌번호	████████████(연500) ▽			
조회기간	[1개월] [3개월] [6개월] [1년] [2년] 2020.06.08 🗓 ~ 2020.06.30 🗓			

조 회

⊙ 요약정보
조회기준 : 2020.07.29 18:21:16

예금주명	████	통장(상품)명	Smart 자유적립적 금 [통장사본출력]
계좌번호	██████████ [상세조회]	계약기간	12 개월
계약일자	2019.12.26	만기일자	2020.12.26
최종잔액	2,036,329 원	약정이율	연 2.30%

⊙ 거래내역
조회기간 : **2020.06.08 ~ 2020.06.30**
⊠ 엑셀인쇄저장

순번	거래일자	거래구분	적요	부금불입액	부금누계	거래점
101	2020.06.24	스마트뱅킹	단비1	2,396 원	2,036,329 원	████
100	2020.06.24	스마트뱅킹	자차보1	1,435 원	2,033,933 원	████
99	2020.06.08	모바일	5/31모쇼11번가	9,500 원	2,032,498 원	████
98	2020.06.08	모바일	6/8기타에그드랍	4,010 원	2,022,998 원	████
97	2020.06.08	모바일	6/8하나머니자차보	30,000 원	2,018,988 원	████

▲ 부수입 관리와 이자 수익을 위한 통장

리 자유적금 통장을 개설해서 부수입을 적립하고 그에 대한 이자도 받는 것이다.

위에서 정리한 부수입 세부 항목에서 설명했듯이 각종 예·적금이 만기가 되면 금융 이자를 부수입 통장으로 바로 이체시켰다. 부수입 통장 또한 자유적금 상품이기 때문에 이자에 대해 이자를 다시 받는 셈이다.

하루라도 일찍 예치해야 이자를 더 많이 받기 때문에 부수입이 발생하면 미루지 않고 즉시 이체한다. 나 같은 경우에는 비교적 금리가 높은 새마을금고의 자유적금을 활용하고 있다. 높은 금리에 더해 조합원 자격으로 세금우대도 받고 있어 금상첨화이다.

💳 **나는 월급을 받았지만 월급을 받지 않았다.**

복직을 하고 약 40여 개월 만에 '○○○○ 급여'라는 항목이 통장에 찍혔다. 지금은 재택근무로 시간선택제 근무를 하고 있어 기본급 외 각종 수당이 지급되지 않고 근무시간만큼의 기본급만 지급되어 적은 금액이었지만 실로 반가운 월급이었다.

복직을 두 달여 앞두고 계획을 세우면서 복직 후 받게 되는 나의 급여는 1원 하나 남기지 않고 대출부터 상환하기로 했다. 위기의 2018년을 겪었지만 2019년부터 가계부를 쓰고 자투리 시간을 활용해 스마트폰으로 본격적인 앱테크를 시작했다. 남편의 급여만으로 생활을 해왔기 때문에 복직 후에도 나의 급여는 없는 셈 치기로 한 것이다. 나는 이것을 '심리 급여'라고 부른다. 나의 심리 급여는 0원이다.

그 정도가 각자 다르겠지만 보통의 급여소득자라면 근속 기간이 길어지면 급여도 함께 오른다. 중간에 진급이라도 하게 되면 급여의 오름폭도 더 커진다. 하지만 이렇게 수입이 늘면 그에 맞게 지출도 늘기 마련이다. 오히려 수입이 늘어난 것보다 더 큰 폭으로 지출이 느는 경우도 많다. 그래서 가상의 급여인 '심리 급여'를 설정해두고 그 금액 이외에는 모두 저축(혹은 대출상환)한다.

이 시스템 안에서는 급여가 오르면 지출이 따라 오르는 것이 아니라 저축만 늘게 된다. 가령 월 급여가 300만 원이지만 심리 급여를 200만 원으로 설정했다면 100만 원만큼 저축을 할 수 있다. 급여가 올라 350만 원이 되어도 심리 급여는 200만 원으로 그대로 유지한다. 100만 원 저축하던 것에서 급여의 인상분인 50만 원을 추가로 저축할 수 있다.

물론 생애 주기에 따라 필수적으로 심리 급여를 인상시켜야 할 시점도 반드시 존재한다. 하지만 적어도 그 시점이 되기 전까지는 최대한 심리 급여로 생활하는 것을 추천한다.

한 달 생활비로 270만 원을 쓰던 내가 1년 동안 가계부를 쓰기 시작하면서 생활비를 큰 폭으로 줄였다. 2020년 한 해는 매달 40만 원의 생활비로 살기 시작했고 아직까지는 단 한 번의 적자도 내지 않았다. 복직 시점인 2월부터는 남편의 급여 외에 나의 급여도 발생했지만 없었던 돈으로 생각하고 여전히 남편의 급여로만 한 달 살림살이를 꾸리고 있다.

대기업에 입사한 동창이 월급으로 400만 원 정도를 받는다는 말을 들었을 때 처음에는 상대적 박탈감 같은 것을 느꼈다. 하지만 내 급여가 200만 원도 되지 않는다고 해서 절대 좌절할 필요가 없다. 중요한 것은 그 돈의 흐름을 내가 어떻게 주도하느냐 하는 것이다. 어쩌면 월급 400만 원의 동창보다 내가 더 먼저 경제적 자유를 이루게 될지도 모른다.

플러스팁

기프티콘 거래하기

사용하지 않는 기프티콘을 판매하는 것은 주요 부수입원 중 하나이다. 이때 활용할 수 있는 온라인 중개 거래 플랫폼을 소개한다. 직거래보다 매입가는 저렴하지만 직접 판매글을 올리고 구매자를 찾아야 하는 수고로움을 덜 수 있다. 스마트폰만 있으면 거래가 가능하고 이용 방법도 간단하다.

(1) 기프티스타

기프티스타는 일종의 기프티콘 중개거래소로 판매자의 기프티콘을 할인된 값에 매입해서 구매자에게 마진을 남겨 되파는 구조이다.

기프티스타 앱을 설치 후 실행하면 구매와 판매를 할 수 있다. 판매를 위해서는 바코드가 포함된 기프티콘 이미지를 기프티스타에 올리면 잠시 후 견적 알림톡이 도착한다. 잔여 유효 기간에 따라 가격이 달라지기 때문에 이용하지 않을 기프티콘의 경우 바로 판매를 하는 것이 유리하다.

기프티스타 측에서 제시한 매입가에 판매를 수락하면 지정된 계좌로 판매대금이 입금된다. 평일 오전 11시, 오후 5시 전후로 입금되어서 판매 후 대금 지급까지 프로세스가 짧은 것이 장점이다. 판매뿐만 아니라 구매도 가능하다. 기한이 임박한 기프티콘은 할인율이 높기 때문에 잘 활용하면 지출을 줄이는 데도 도움이 된다.

(2) 니콘내콘

니콘내콘도 거의 동일한 형태의 기프티콘 거래 장터이다. 카카오톡에서 채널 추가하여 이용하거나 자체 앱을 다운받아서 이용하는 것도 가능하다. 챗봇을 통해 거래할 수 있고 '판매' 혹은 '구매' 등의 간단한 채팅을 입력하면 메뉴가 보여진다.

나의 경우 기프티스타와 니콘내콘 두 군데에 견적을 넣고 매입가가 조금이라도 더 높은 곳에서 판매를 한다. 니콘내콘에서 기프티콘을 검수한 후 견적을 제시하면 '리뷰' 탭에서 금액을 확인한 후 판매승인 여부를 결정한다. 이후 해당 거래 건이 '완료' 탭으로 이동하고 영업일 기준 +2일에 정산이 되어 '정산' 탭으로 이동한다.

정산 탭에 거래 건이 보여지면 정산금 출금 신청하기 버튼을 눌러 등록된 계좌로 입금을 받는다. 입금되는 시간은 평일 오후 4~5시이다. 기프티스타에서는 매입금액을 낮게 제시하거나 매입하지 않는 품목들을 판매할 때는 유용하지만 판매 후 거래대금이 계좌로 입금되기까지 대략 일주일 정도 걸린다는 것이 단점이다.

지인에게 선물로 받거나 이벤트 응모에 당첨되어 받은 기프티콘 중 사용하지 않는 기프티콘들은 기프티스타나 니콘내콘 등의 중개 플랫폼

을 통해 판매하면 현금 부수입을 얻을 수 있다. 가장 쉽고 재밌게 쌓아 갈 수 있는 부수입원이라 초보에게도 추천한다.

2 잉여자금 오늘부터 1일

💳 **예적금 표면 이자율의 비밀**

출산을 3개월 정도 앞둔 4년 전 가을, 시중은행의 특판 적금을 들기 위해 은행을 찾은 적이 있었다. 지금 생각하면 귀가 솔깃할 정도의 높은 금리는 아니지만 요즘 판매되는 고금리 적금들은 대부분 금리우대 조건이 까다롭다는 것을 감안하면 별도의 금리우대 조건 등이 없었고 선착순으로 오픈마켓에서 사용할 수 있는 상품권도 사은품으로 주었으니 메리트가 있던 것은 분명했다. 전국 200개 영업점에서만 가입이 가능하다는 희소성도 있었다.

금리가 본격적으로 떨어지기 시작한 시기라서 그랬는지 인기가 상당했다. 점심시간을 이용해 계좌 개설을 하려는 직장인들이 몰려 창구는 마비가 되고 대부분 마감이 되어 다른 지점을 찾아 돌고 도는 현상을 어렵지 않게 볼 수 있었다.

당시 판매되는 특판 적금의 금리는 1년 3%, 2년 2.8%였고 월 납입액 한도는 최대 15만 원이었다. 2년짜리의 금리가 더 낮다 보니 대부분 1년짜리로 가입하는 것을 볼 수 있었다. 하지만 이렇게 표면 이자율만으로 판단해도 괜찮을까?

다음은 네이버 이자 계산기로 각 상품의 실수령 이자를 계산해 본 이미지이다.

▲ 만기 1년과 2년의 적금 금리 비교

원금은 15만 원으로 동일하게 두고 연 3%로 1년 납입하는 경우와 연 2.8%로 2년 납입하는 경우를 각각 계산해보았다. 1년일 때 세후 이자는 2만 4,746원, 2년일 때의 세후 이자는 8만 8,830원이다.

　　거치 기간이 2배로 늘어났으니 세후 이자도 2배만큼 늘어난다고 생각하기 쉽지만 실제는 그렇지 않았다. (PART4 예금의 적금화 부분 참고) 앞서 소개한 예금의 적금화 부분과 크게는 같은 원리라고 볼 수 있다. 이자는 거치된 기간에 비례한다. 앞의 예시처럼 원금 등 다른 조건이 동일하다고 가정할 때 표면적으로 보이는 금리가 조금 높은 것보다는 가입 기간이 긴 상품이 실수령 이자 측면에서는 유리하다.

　　이자를 더 받기 위한 목적으로 무조건 가입 기간이 긴 상품에 가입하라는 이야기는 아니다. 보여지는 이자율이 전부가 아님을 인지하고 가입 시 폭넓게 고려할 것을 이야기하는 것이다. 복잡하게 생각하지 말자. 네이버에 '이자 계산기'라고 검색해서 월 불입액과 기간, 금리만 입력하면 알아서 계산을 해주는 편리한 세상이다.

　　물론 이 부분은 세후 수령 이자 한 가지만을 놓고 비교한 것이기 때문에 해당 적금의 목적이 무엇인지, 단기간 내에 목돈이 필요한지 등 여러 가지 상황을 대입해서 가입하는 것이 필요하다.

💳 은행이 되어 돈을 다루다

꼭 그럴 필요는 없지만 일반적으로 가계부는 한 달 단위로 계획을 세우고 작성한다. 하지만 우리가 사용하는 달력과 가계부를 작성하는 한 달 단위는 일치하지 않는 경우가 많다. 달력은 매월 1일에 한 달이 시작하지만 모든 직장인이 1일에 월급을 받는 것은 아니기 때문이다. 실제 우리 집의 경우만 봐도 남편과 나의 급여일이 다르다. 남편은 21일 나는 25일이다. 그 외에 1일인 곳도 있고 10일인 곳도 있다. 심지어 공무원의 경우, 직렬과 소속에 따라 급여 지급일이 상이할 정도이다.

이 때문에 많은 급여소득자들이 가계부의 시작일을 매월 1일로 할지 월급날로 할지, 프리랜서나 자영업자처럼 정해진 급여나 급여일이 없을 경우에는 어떻게 기준을 잡아야 할지, 혹은 홀수 달 짝수 달 급여가 다를 경우는 어떻게 해야 할지에 대한 의문을 갖는다. 각자 처한 상황은 다르지만 답은 의외로 간단하다. 내가 은행이 되어 직접 월급을 주는 시스템을 만드는 것이다.

　　나의 경우 임신 기간 중에 입원을 하게 되어 출산휴가 이전에 병가와 무급휴가까지 사용했다. 육아휴직 3년까지 포함하면 40개월 이상을 남편의 급여만으로 생활했다. 하지만 우리 집 가계부의 한 달 기준일은 변화가 없다. 휴가 전에는 나의 급여일인 25일을 우리 집 가계부의 한 달 기준일로 잡았고, 나의 급여가 없던 40여 개월 동안에도 마찬가지로 25일을 기준일로 운영했다. 이유는 내가 스스로 나에게 월급을 주었기 때문이다.

　　만약 홀수 달에는 300만 원, 짝수 달에는 100만 원의 급여를 받는다면 연간 총 2,400만 원으로 평균 200만 원의 급여를 받는 것이나 다름없다. 300만 원을 받는 달에는 펑펑 쓰고 100만 원을 받는 달에 쪼들리는 것이 아니라 매달 동일하게 200만 원씩을 나의 급여 통장에 입금시킨다. 여기에서 말하는 급여 통장은 회사에서 나에게 월급을 주는 통장이 될 수도 있고, 내가 별도로 지정한 임의의 통장이 될 수도 있다.

　　1월에 받은 300만 원 중 200만 원만 급여 통장으로 넣어두고

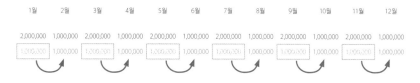

| 1월 | 2월 | 3월 | 4월 | 5월 | 6월 | 7월 | 8월 | 9월 | 10월 | 11월 | 12월 |

| 2,000,000 | 1,000,000 | 2,000,000 | 1,000,000 | 2,000,000 | 1,000,000 | 2,000,000 | 1,000,000 | 2,000,000 | 1,000,000 | 2,000,000 | 1,000,000 |

▲ 홀수 달 300만, 짝수 달 100만 → 심리 급여 200만원일 때 현금흐름 예시

나머지 100만 원은 짝수 달을 위해 남겨둔다. 이때는 CMA 통장이나 파킹 통장을 활용하면 좋다. 2월에 100만 원의 급여가 들어오면 1월에 남겨 둔 100만 원과 합쳐 전달과 동일하게 200만 원의 급여를 받는 것과 같이 생활한다. 소득이 동일하니 심리적 안정감을 느낄 수 있는 것은 덤이다.

여기에 앞에서 설명한 '심리 급여'의 개념을 대입해보자. 가령 나의 월급은 200만 원이 아닌 150만 원이라고 심리 급여를 정해놓는다. 1월에 받은 300만 원 중 150만 원만 급여 통장으로 이체시키고 나머지 150만 원은 CMA 통장에 넣어둔다. 2월에 월급 100만 원이 들어오면 1월에 남겨둔 150만 원 중 50만 원만 보태서 심리 급여 150만 원을 만든다. 그 안에서 보험료, 통신비, 교통비 등 고정비를 충당하고 나의 생활비로도 사용한다. 심리 급여 150만 원씩을 남김없이 다 써도 연간 600만 원의 잉여자금이 생기는 것이다.

심리 급여 150만 원이 어느 정도 익숙해지면 조금씩 줄여나가도 좋다. 처음에는 나에게 필요한 지출액이 얼마인지조차 가늠할 수 없

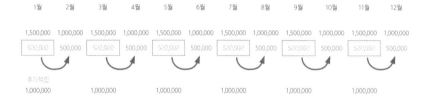

1월	2월	3월	4월	5월	6월	7월	8월	9월	10월	11월	12월
1,500,000	1,000,000	1,500,000	1,000,000	1,500,000	1,000,000	1,500,000	1,000,000	1,500,000	1,000,000	1,500,000	1,000,000
500,000	500,000	500,000	500,000	500,000	500,000	500,000	500,000	500,000	500,000	500,000	500,000

추가적립
| 1,000,000 | | 1,000,000 | | 1,000,000 | | 1,000,000 | | 1,000,000 | | 1,000,000 | |

▲ 홀수 달 300만, 짝수 달 100만 → 심리 급여 150만원일 때 현금흐름 예시

는 경우가 대부분이므로 무리해서 심리 급여를 적게 잡는 것보다는 매월 조금씩 조정해나가며 적정 수준의 금액을 찾아보자.

📇 우리 집 심리 급여는 얼마입니까?

급여소득자를 예로 들었지만 프리랜서나 자영업자의 경우도 월급쟁이처럼 심리 급여로 급여 통장을 운용하는 것을 추천한다. 자영업자들은 정해진 월급날이 없을뿐더러 매번 들쭉날쭉한 수입 때문에 돈 관리에 어려움을 겪는다. 장사가 잘 되는 달에는 손에 쥐는 돈이 많을 것이고 그렇지 않은 달도 있을 것이다. 가능하면 수입이 적은 달을 기준으로 잡아 가상의 월급을 정해보자. 가령 200만 원을 가상의 월급으로 정해놓았다면 장사가 잘되서 400만 원의 수익이 생겨도 200만 원만 번 것처럼 정해진 금액 안에서만 생활한다.

내가 임의로 월급날도 정한다. 1일을 월급날로 잡았다면 매달 1일이 되면 급여 통장에 '급여'라고 적어 200만 원을 이체한다. 대부분은 사업자 통장을 사용하겠지만 꼭 급여소득자가 아니더라도 통장에 '급여'라고 적어 일정 금액 이상만 이체하면 이체수수료 면제나 주거래 금리우대 등 급여 통장 혜택을 받을 수 있는 경우가 있으니 필요할 경우 활용해보는 것도 방법이다.

여기서 내가 정한 가상의 월급 200만 원이 곧 우리 집 심리 급여가 되는 것이다. 심리 급여 이외의 금액은 위에서 설명한 것처럼 CMA 통장 등을 활용해 예비비로 적립해두거나 투자나 추가 저축 등의 용도로 사용할 수 있다.

가계부를 쓰기 전 한 달 예산을 정했듯이 돈의 흐름을 스스로 주도하는 시스템 안에서는 심리 급여를 적절하게 정하는 것이 필요하다. 우리 집 심리 급여는 어떻게 정해야 할까? 심리 급여라는 단어 자체가 추상적인 개념이기 때문에 구체화 할수록 시스템을 운영하기에 좋다.

우리 집 한 달 살이에 필요한 최소한의 금액을 알아보는 것부터 시작해보자. 먼저 고정지출, 즉 숨만 쉬어도 나가는 비용들을 체크한다. 대출 원리금은 얼마인지, 보험료는 얼마인지, 통신비, 자녀 학원비, 부모님 용돈이나 회비 등 매달 고정적으로 발생하는 지출들을 쭉 적어본다. 고정지출은 매달 비슷한 수준이기 때문에 산출하는 것이 그리 어렵지 않을 것이다.

문제는 변동지출이다. 가계부를 십수 년 써왔던 나의 경우도 내가 얼마를 쓰는지 알지 못했다. 일부러 들여다보지 않으면 파악하기 어려운 것이 사실이다. 나처럼 신용카드, 특히 할부를 주로 쓰는 사람이라면 더욱 그러하다. 이때는 직전 3개월간 사용한 생활비 평균을 내면 대략적인 액수를 알 수 있다. 예산을 정하기 어렵다고 해서 먼저 한 달 살아보고 정하는 것은 위험한 행동이다. 정 어렵다면 지난달 사용한 생활비를 그대로 예산으로 정해놓자. 이렇게 산출된 고정지출과 변동지출을 합한 금액이 우리 집 한 달 살이에 필요한 생활비 예산이 된다.

심리 급여를 너무 높게 잡으면 심리 급여를 설정한 의미가 없을 것이다. 반대로 무리해서 적은 금액으로 심리 급여를 잡으면 예산을 초과해서 마이너스가 생기기 쉽다. 재테크에 금방 흥미를 잃어 중도 포기로 이어질 수도 있다. 때문에 현재의 지출 수준에서 일정 비율을 정해놓고 매달 줄여 나가면서 적정한 생활비 목표 수준을 찾아나가는 것이 좋다. 고정지출은 큰 변동이 없다 보니 변동지출을 얼마나 줄이느냐가 관건이 된다. 예를 들어 이번 달 변동지출로 100만 원을 썼다면 매달 10%씩 줄여 다음 달에는 90만 원, 그다음 달에는 81만 원으로 조금씩 줄여 보자.

내 스스로 만드는 우리 집만의 현금흐름이기 때문에 정답은 없다. 마이너스가 나면 불필요한 지출이 있었는지 점검해보고 다음 달에 반영시키면 된다. 더 줄일 것이 없다고 여겨지면 생활비 예산을 조금 올리는 것도 괜찮다. 처음부터 정해놓은 틀에 완벽하게 맞추려 하기보다는 약간의 시행착오를 즐기며 미션을 클리어해보자. 시간이 흐르면 자연스럽게 우리 집만의 현금흐름 시스템이 그려질 것이다.

🔲 대출도 위아래가 있다

내 인생 첫 번째 대출은 학자금대출이었다. 당시에는 정부가 아닌 일반 민간은행에서 대출을 취급했기 때문에 기초생활수급자이거나 차상위 계층 등 취약계층이 아닌 경우 일반금리가 적용되어 6~7%의 비교적 높은 금리로 대출을 해주었다. 중간에 제도가 바뀌면서 대환대출 신청을 할 수 있었고 내가 마지막까지 가지고 있었던 상품의 금리는 2% 초반이었다.

당시 주거래은행에 가입해둔 예금금리가 4% 전후였기 때문에 표면적인 수치로만 비교를 해보아도 2% 초반 대출 이자 비용 발생을 줄이기 위해 중도상환을 하는 것보다 그 돈을 예치해서 4%의 이자를 받는 것이 유리했었다. 또한 대출은 약정 기간이 끝나기 전에 상환할 경우 중도상환수수료 등 부대비용이 발생할 수 있기 때문에 가지고 있는 대출 상품의 요건을 충분히 알아보아야 한다.

내가 두 번째로 경험한 대출은 신혼 집 마련을 위해 받았던 주택담보대출이었다. 돈에 대한 태도는 개인의 성향에 따라 다름이 있을 수밖에 없지만, 나의 경우에 기대 대출에 대한 조금은 주관적인 이야기를 해보려 한다.

나는 대출에는 좋은 대출과 나쁜 대출이 있다고 생각하는데, 내가 생각하는 좋은 대출 중 하나가 주택담보대출이다. 여기에서 '좋다'라는 의미는 주택담보대출은 좋은 것이니 대출을 받으라는 의미가 아니라 반드시 우선적으로 변제해야 하는 대출은 아니라는 의미에 더욱 가깝다.

　　반면에 카드리볼빙이나 현금서비스, 캐피탈 같은 제2금융권 대출의 경우 금리도 높을뿐더러 신용등급에도 좋지 않은 영향을 미친다. 대부업체 및 사채는 언급할 필요가 없는 나쁜 대출이다. 이러한 대출은 우선적으로 변제해야 하는 나쁜 대출 중 하나이다.

　　다음의 표에서는 6개의 종류가 다른 대출 상품을 가지고 있는 경우를 가정해보았다.

　　내가 한 달 얼마를 쓰는지를 아는 것이 중요하듯 나의 자산, 특히 부채는 어떤 상품이고 금리는 얼마이고 언제 어떤 방식으로 갚아나가는지에 대해 아는 것 또한 중요하다. 표를 그려 가지고 있는 대출 상품의 종류와 현재 남아 있는 금액을 차례대로 적어본다. 금리는 얼마인지, 대출 만기는 언제인지, 상환 방식은 무엇인지도 함께 적는다. 그리고 대출상환의 우선순위를 생각해본다. 일단 나쁜 대출이나 금리가 높은 대출부터 우선 상환하는 것이 좋다.

　　정답은 없지만 예시에서 우선적으로 상환해야 할 상품을 고르

대출 상품	대출잔액	대출금리	대출일자	대출종료	상환 방법	비고
생애최초디딤돌대출	82,000,000	3.3	2020-04-11	2035-04-11	원금균등상환	
○○은행신용대출	10,000,000	3.7	2020-12-31	2021-12-31	만기일시상환	
사내대출(결혼자금)	14,400,000	3.0	2019-04-25	2029-04-25	원금균등상환	중도상환수수료X
마이너스 통장	1,200,000	5.1	2018-09-25			
자동차 캐피탈	12,000,000	12.3	2015-02-25	2021-02-25	원리금균등상환	
학자금대출	4,800,000	2.1	2012-03-10	2022-03-10	원리금균등상환	
합계	124,400,000					

▲ 대출 조건 및 금리 비교의 예

자면 금리가 12.3%로 가장 높은 자동차 캐피탈이나 대출 잔액이 얼마 남지 않은 마이너스 통장을 꼽을 수 있다. 잔액이 얼마 남지 않은 대출 상품을 우선적으로 변제하면 전체 대출 건수가 6건에서 5건으로 줄어들어 완제에 대한 성취감을 느낄 수 있다. 그 외에는 대출금리가 2~3% 대로 큰 차이가 없기 때문에 각자 상황에 맞게 상환 계획을 짠다.

상환 방법 중 '만기일시상환' 상품이 있다면 역시 우선순위에 두는 것이 좋다. 매달 이자만 납부하고 대출만기일에 원금을 일시에 상환하는 것이므로 목돈 상환이라는 부담이 있을 수밖에 없다. 보통은 대출만기가 되는 1년마다 갱신을 하게 되는데 이럴 경우 원금은 전혀 상환하지 못하고 이자만 납부하는 꼴이 된다. 조금씩이라도 원금을 상환하면서 매달 납부해야 할 이자를 줄이는 것을 추천한다.

플러스팁

특판 적금 스마트폰 앱으로 간편하게 조회하는 법

MG 상상뱅크 앱

기준금리 제로 시대에 접어들면서 시중은행들은 누가 먼저랄 것도 없이 예금금리를 인하하기 시작했다. 5%는 넘어야 특판 상품이라고 취급받던 게 불과 얼마 전인데 요즘은 특판 상품이라고 해서 확인해보면 2~3% 대인 상품도 많다. 특판 상품에 가입하기 위해 KTX까지 타고 가서 줄을 서는 모습도 어렵지 않게 볼 수 있다.

특판 상품이 비교적 자주 출시되는 새마을금고의 경우 특성상 지점별로 금리가 천차만별이다. 이때 유용한 것이 새마을금고 모바일 앱인 'MG 상상뱅크'이다. 모바일 앱을 활용하면 전국 새마을금고의 금리를 한눈에 확인할 수 있다. 모바일 예·적금 상품이기 때문에 거리가 먼 새마을금고의 상품도 가입할 수 있다.

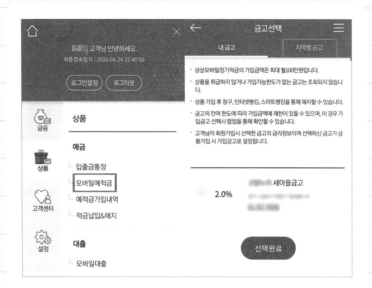

'MG 상상뱅크' 앱을 실행한 뒤 상품 카테고리의 모바일예적금 메뉴로 들어간다. 기존에 출자금 통장을 만들고 조합원 자격을 유지 중인 금고가 있으면 내금고 탭에 표기가 된다. 조합원의 경우 세금우대가 적용되어 농특세 1.4%만 부과가 된다. 우측 지역별금고 탭으로 들어가면 전국 새마을금고의 예·적금금리를 한눈에 볼 수 있다.

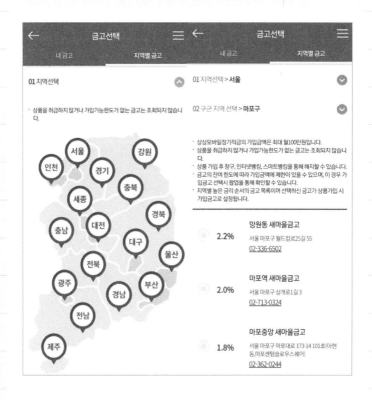

새마을금고는 거주지 혹은 직장 소재지 관할에서만 조합원으로 가입을 할 수 있기 때문에 타지역 금고 상품에 대해서는 세금우대를 받을 수 없다. 금리는 조금 낮지만 세금우대를 받는 것과 높은 금리의 일반과세 상품 중 어떤 상품이 더 유리한 것인지 비교하여 가입하면 된다. MG 상상뱅크 앱 내에서 직접 시뮬레이션을 통해 만기수령액을 확인해보거나 앞서 소개한 네이버 이자계산기를 활용할 수도 있다. 타지역

새마을금고 상품을 가입할 경우 각 새마을금고당 한 개의 상품만 가입이 가능하다.

예전에는 금리가 높은 순으로 정렬해서 보여줬는데 지금은 지역별로 직접 클릭해서 확인해보아야 하는 점이 불편하지만, 스마트폰만 있으면 전국에 있는 모든 새마을금고의 금리를 한눈에 보면서 골라 가입할 수 있다는 점은 매우 유용하다.

3 | 1만 원으로도 할 수 있는 소액투자

💳 멍석이 깔렸다

지금은 가계부를 쓰고 절약생활을 하고 있지만 그렇다고 투자에 관심이 없는 것은 아니었다. 그리고 절약생활의 목표도 근검절약에서 끝나는 것이 아니라 절약하여 모은 종잣돈으로 투자를 하여 자산을 늘리는 것을 목표로 해야 한다.

지난 5월 한국은행이 기준금리를 0.5%로 역대 최저 수준까지 인하하면서 제로금리는 더 이상 거부할 수 없는 패러다임으로 자리 잡았다. 따라서 시중은행들도 누가 먼저랄 것도 없이 일제히 예금금리를 인하하기에 바빴다. 1,000만 원을 1년간 예치해두어도 많이 받아야 8만 원 정도를 이자로 받는다는 계산이 나온다. 기운이 빠지는 것은 사실이지만 그렇다고 부동산에 투자하자니 종잣돈이 부족하고 주식에 투자를 하자니 원금마저 잃을까 겁이 났다.

　　모든 투자는 크건 작건 원금 손실의 위험을 가지고 있기 때문에 단돈 1원도 잃어서는 안 된다는 생각을 지닌 나의 성향상 '투자'와는 전혀 맞지 않는다. 그럼에도 불구하고 나는 주식투자를 시작하였고 현재까지도 주식투자를 해오고 있다.

　　최근 '동학 개미 운동'이라는 신조어가 생길 정도로 개인 투자자들의 주식에 대한 관심이 뜨겁다. 이에 증권사들은 고객 유치를 위해 공격적으로 마케팅을 펼치고 있다. 가장 대표적인 것이 증권계좌를 신규 개설할 경우 일정 금액을 투자지원금으로 지급하는 것이다. 나의 자본을 들여 투자를 시작하는 것에 거부감이 있다면 일단 증권사들의 이벤트만 찾아서 시작해도 충분하다. 증권사에서 용돈 쥐어주며 연습게임에 참여시켜주는 것이다.

　　증권사별로 일정 조건을 달성할 경우에만 투자지원금을 지급하는 경우도 있지만 보통은 개설만 하면 대략 현금 1만 원 정도를 받을 수 있다. 이렇게 멍석을 깔아주면서까지 투자를 해볼 수 있는 기회가 있다

▲ 앱테커들을 유혹하는 증권사 이벤트

면 단순히 투자를 목표로 하지 않더라도 공부 삼아 해보는 것도 나쁘지 않다고 본다. 다만 주의할 점은, 보이스피싱 등 각종 금융사기 위험을 막기 위해 신규 계좌 개설 시 20영업일(대략 한 달) 제한이 있으니 계좌 개설 시 날짜를 체크할 필요가 있다. 가령 여러 증권사가 동시에 이벤트를 진행하고 있다면 이벤트 종료일이 빠른 것부터 먼저 참여하고 20영업일이 지난 후에도 이벤트가 종료되지 않은 증권사의 계좌를 만들면 두 마리 토끼를 모두 잡을 수 있다.

카카오뱅크에서는 앱을 통해 한국투자증권의 주식계좌를 개설하면 개설축하금으로 2만 원을 지급했다. 1만 원은 카카오뱅크 입출금 계좌로 들어와 바로 출금이 가능했고, 나머지 1만 원은 한국투자증권의 주식계좌로 들어왔다. 1만 원으로 적당한 주식을 사고팔아 현금화할 수도 있었지만 매월 국내주식 거래 실적만 있으면 5,000원씩 1년간 총 6만 원을 지급하는 이벤트 덕분에 공부 삼아 거래를 시작했다.

거래금액에 대한 조건이 없었기 때문에 일명 동전주를 사고팔아도 매월 5,000원씩을 받을 수 있었다. 처음에는 5,000원만 받고 계좌를 없애려는 마음이었다. 하지만 내 투자금이 전혀 들어가지 않고도 수

뱅키스개설감사	2019.04.20 12:40:00	이벤트포상금	2019.11.14 11:43:43
	10,000원 ⌄		5,000원 ⌄
이벤트포상금	2019.06.13 09:50:07	이벤트포상금	2019.12.12 15:01:28
	5,000원 ⌄		5,000원 ⌄
이벤트포상금	2019.07.11 15:52:49	이벤트포상금	2020.01.17 11:00:40
	5,000원 ⌄		5,000원 ⌄
이벤트포상금	2019.08.09 14:07:46	이벤트포상금	2020.02.14 15:06:42
	5,000원 ⌄		5,000원 ⌄
이벤트포상금	2019.09.10 15:31:13	이벤트포상금	2020.03.13 12:50:15
	5,000원 ⌄		5,000원 ⌄
이벤트포상금	2019.10.11 14:47:26	이벤트포상금	2020.04.16 15:50:35
	5,000원 ⌄		5,000원 ⌄

▲ 주식계좌 개설 이벤트를 통해 받은 포상금

익이 발생하니 소액이었지만 또 다른 재미가 있었다. 그냥 경제뉴스를 볼 때는 덜 와닿았던 내용들이 해당 기업의 주식을 거래하며 보게 되니 더 쉽게 이해가 되었다.

인간은 관성의 동물이라 했다. 습관이 되어 익숙해지면 쉽게 내려놓지 않는다. 처음에는 이벤트 혜택을 보고 개설한 증권계좌이지만 현재는 국내주식뿐만 아니라 금 현물, 발행어음 등 다른 상품까지 활발히 거래하는 계좌가 되었다.

🖮 가정 경제 파탄의 원흉이었던 투자

이 책의 서두에서도 밝혔듯이 가정 경제가 파탄이 날 정도의 위기를 겪었고 그 중심에는 '투자'가 있었다. 더 자세히는 개인 간 투자였다. 하지만 투자는 나쁘고 위험하다 혹은 개인 간 투자는 위험하다는 이야기를 하는 것은 아니다. 투자에 정답은 없지만 누군가 어떤 투자는 하면 안되고, 어떤 투자는 괜찮은지에 대한 질문을 던진다면 내가 잘 모르는 투자는 하지 않아야 한다고 대답할 것이다.

단타는 위험한 것이다, 가치투자를 해야 한다, 우량주에 오랫동안 돈을 묻어야 한다는 등의 이야기를 한 번쯤은 들어보았을 것이다. 하지만 내가 가장 중요하게 여기는 투자 원칙은 내가 투자 대상에 대해 잘 알아야 한다는 것이다. 이는 결국 투자 도중의 의사결정을 주체적으로 할 수 있는지의 여부로 이어진다.

요즘 무슨 주식이 좋다더라, 누가 어디에 투자해서 대박이 났다더라 하는 남의 이야기만 듣고 투자를 했다고 가정해보자. 생각대로 주식시장이 움직여주지 않는다면 당장 투자금을 회수해야 할지 좀 더 버텨야 할지 결정을 내리지 못하고 마음속은 극심한 불안감과 후회, 거기에 추천해준 사람에 대한 원망으로 가득 찰 것이다. 하지만 내가 충분히 대상에 대해 공부하고 분석한 뒤 어느 정도 확신이 있는 상태에서 투자가 이루어졌다면 의사결정을 내리기 훨씬 수월할 것이다.

다들 A주식이 오를 거라며 사기에 나도 따라서 투자를 했다. 어느 날 갑자기 주가가 내려가면 혹여나 내 돈을 다 잃지는 않을까 전전긍긍하다가 결국 손해를 보고 매도를 한다. 하지만 A라는 기업에 대한 이해가 충분하고 대내외적인 상황에 대해서도 충분히 분석이 된 상황이라면 추가 매수를 하든 소위 말하는 존버를 하든 손절을 하든 주체적으로 결정을 내릴 수 있게 된다.

지인의 사업에 투자를 한다고 해도 그 회사가 어떤 회사인지, 어떻게 돈을 버는지, 현재 재정 상황은 어떤지 등 최대한의 정보를 수집한 뒤 투자 결정을 해야 할 것이다. 정보가 부족했고 확신이 없었던 잘못된 투자가 우리를 집 한 채 없이 길바닥에 나앉을 위기로 내몰기도 했었다. 주식도 마찬가지이다. 그 회사에 투자하는 사람들을 보지 말고 회사 자체를 보고 투자하자.

나의 경우 원금 손실을 절대로 허용하지 않는 보수적인 투자성향의 사람이다. 때문에 나의 두 번째 투자 원칙은 없어도 되는 범위의 금액으로만 투자하는 것이다. 없어도 되는 돈이 세상에 어디 있겠냐마는 남의 돈을 빌려다가 투자하는 것이 아닌, 당장 써야 할 생활비를 쪼개서 투자하는 것이 아닌 잉여자금으로만 투자한다는 의미이다.

주식이라는 상품의 특성상 손실이 없을 수는 없다. 하지만 내가 잘 아는 기업에 잉여자금으로만 투자를 하면 눈앞에 손실이 생겨도 오래도록 기다릴 수 있는 여유가 생긴다. 묻어두고 내가 생각했던 가치에 이를 때까지 기다릴 수도 있다. 이 기간에는 수시로 주가와 각종 지표들을 체크하고 관련 기사들도 관심 있게 본다. 내가 투자한 기업의 주가가 왜 오르지 못하는지 관심을 갖는 것은 당연하다. 내 돈을 잃고 싶지 않아서 방어 수단으로서 공부했던 것들은 나도 모르는 사이 투자 경험과 투자 지식으로 차곡차곡 쌓이게 될 것이다.

아직까지 그런 경험은 없었지만 그럼에도 회복 불능의 상태가 지속된다면 투자 손실금액만큼은 수업료라고 여기는 것이 나의 마지막 투자 원칙이다.

나는 투자를 업으로 삼는 사람이 아니다. 투자로 쓴맛을 보았음에도 투자를 하는 이유는 돈으로 시간을 사기 위해서이다. 예·적금으로 10년이 걸려 모을 수 있는 금액이라면 투자를 통해 10년이라는 시간을 9년으로, 8년으로 줄이고 싶은 것이다. 때문에 시세차익보다는 안정적인 투자를 선호하고 아직은 투자금액도 적은 편이다. 투자를 무조건 나쁜 것으로 여기고 배척하기보다는 나만의 투자 원칙을 정해두고 그 안에서 조금씩 연습을 해보자. 우리에게는 증권사에서 준 투자금 1만 원이 있지 않은가.

🗂 동전주로 주식에 뛰어들다

몇 년 전 국내 모 증권사에서 커피 한 잔 값으로 시작하는 주식투자를 광고로 내보낸 적이 있다. 개인적으로는 종래에 자리 잡고 있던 주식에 대한 부정적인 인식의 전환에도 성공한 광고라고 생각한다. 주식은 돈이 많아야 할 수 있다고 생각했는데 커피 한 잔 값으로도 가능하다고 하니 많은 사람들 특히 사회 초년생들의 이목을 끌었다.

커피 한 잔 값도 충분히 매력적이지만 국내 주식시장에 상장된 종목 중 주가가 1,000원 미만인 종목들도 존재한다. 지폐 한 장도 되지 않는다고 해서 '동전주'라고도 부른다. 국내 증시 시가총액 1위인 삼성전자의 주식 1

주를 사려면 현재 기준으로 5만 원이 넘는 돈이 필요하지만 동전주는 단돈 1만 원만 가지고도 수십 주를 살 수 있다.

종잣돈이 전혀 없는 상태에서는 없어도 되는 돈으로만 투자하는 것이 불가능하다. 가진 거라고는 증권사에서 받은 투자지원금 1만 원이 전부였고 그렇게 동전주에 대해 관심을 갖기 시작했다.

보통은 동전주 투자를 안정적인 투자로 보지 않고 대부분 권하지 않지만 적은 돈으로 실전에서 주식 거래를 연습할 수 있다는 점은 매력적이다. 주가가 100원대의 종목들도 있어서 1만 원뿐인 종잣돈도 충분하게 느껴졌다. 내가 주식투자를 하고 있다니 놀랍고 흥미로웠다. 평소엔 바로 채널을 돌려버렸던 뉴스 후반부의 증권시황 소식에도 괜히 귀 기울이게 되었다.

적은 돈이라도 잃고 싶지는 않은 것이 사람 심리가 아닐까. 동전주의 장점은 여기서 빛을 발한다. 혹시라도 투자금 전액을 잃는다고 해도 1만 원이다. 1만 원이 하찮다는 것이 아니라 회복 가능한 수준의 금액이라는 것이다. 1만 원으로 동전주를 사면 여러 가지 종목에 분산투자를 할 수도 있다. 운 좋게 시세차익까지 누린다면 금상첨화이다.

종목명	:	매매일자	실현손익	:	손익률	>
▓▓		2019.09.19	360		41.95%	
▓▓		2019.08.19	1,459		20.43%	
▓▓▓		2019.07.29	10		5.84%	
▓▓		2019.07.23	287		22.59%	

▲ 동전주의 수익률

　　실제 작년 여름에 동전주로 실전 거래 연습도 하고 증권사 이벤트에도 참여했는데 운 좋게 시세차익까지 누리게 되었다. 전부 동전주들이라 금액이 적기는 하지만 수익률 자체만 보면 적게는 5%에서 많게는 42%까지도 있었다. 연습 삼아 한 거래였기 때문에 일부만 매도하고 현재까지 가지고 있는 종목도 있다. 더 큰 수익을 실현하기 위함은 아니지만 꾸준히 주가의 흐름도 살피고 대기업 인수나 유상증자 등 이슈에 대해서도 공부할 수 있는 좋은 교보재로 삼고 있다.

🪪 스타벅스 커피 마시며 스타벅스 주주 되는 법

매우 보수적인 투자성향을 지닌 탓에 나의 관심은 자연스레 미국 배당주 투자로 옮겨 가고 있다. 다섯 살 난 딸아이도 알 수 있는 글로벌 기업의 수도 많고 규모의 면에서도 국내 시장과는 비교가 되지 않는다. 주주 친화적인 기업 문화를 가지고 있고 대부분의 기업들이 분기마다 배당금을 지급해 종목을 잘 구성하면 1년 내내 배당금을 받는 것도 가능했다.

단점을 꼽자면 덩치가 크다 보니 주가 또한 높다는 것이다. 이를 보완하기 위해 증권사에서는 0.01주 단위로 투자할 수 있는 소수점 투자 서비스를 제공한다. 투자의 형태 또한 다양한데 내 경우에는 신용카드 사용에 따른 소액투자를 하고 있다.

신용카드를 사용할 때마다 5,000원씩 적립이 되고 내가 원하는 주식을 자동으로 매수해주는 서비스이다. 스타벅스 커피 한 잔을 마실 때마다 스타벅스 주식을 1주씩 샀으면 부자가 되었을 것이라는 우스갯소리가 있는데 소액투자 서비스가 딱 그러했다.

스타벅스에서 신용카드로 커피 한 잔을 사 마시면 그 금액만큼이 동시에 스타벅스 주식에도 투자가 되는 것이다. 주가는 늘 변하기 때

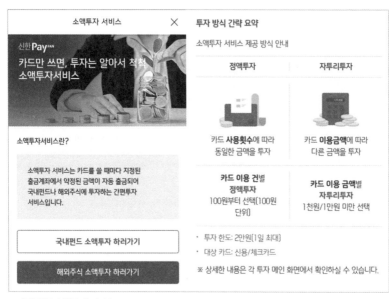

▲ 신용카드 소액투자 서비스

문에 살 수 있는 주식 수도 변한다. 매번 5,000원어치의 스타벅스 주식을 매수하는 것인데 주가가 오르건 내리건 신경 쓰지 않고 자동으로 투자를 하게 된다는 점이 마음에 들었다.

소수점 단위로 매수가 되는데도 불구하고 보유한 만큼에 따른 배당금도 지급되었다. 원화로 50원도 되지 않는 금액이지만 처음으로 받은 해외주식 배당금이라 더욱 의미가 있었다. 5,000원어치씩 자동으로 꾸준히 매수하다 보니 나도 모르는 사이에 보유 주식 수도 늘고 수익률도 함께 늘고 있다.

나는 스타벅스를 선택했지만 다양한 종목에 투자할 수 있다. 남편은 신용카드 소액투자 서비스를 통해 미국 시가총액 1위인 애플에 투자하고 있는데 잊고 지내다가 한 번씩 열어보면 조금씩 쌓여가는 주식 수에 기분이 좋아진다고 한다. 주가 변동에 멘탈이 흔들릴 리도 없고 증권사 MTS만 보면서 시간을 낭비하지 않아도 된다.

온라인으로 월세를 받는 삶

절약생활을 이어가고 언젠가 목표한 만큼의 종잣돈을 모으면 제일 먼

▲ 소액투자 서비스로 매수한 스타벅스 주식

저 부동산투자로 월세 받는 삶을 살고 싶었다. 좋은 집주인이 될 것이라며 버킷리스트에 꾹꾹 눌러 적던 꿈이었다. 부동산 시세차익으로 자산을 증식시키는 것보다 단돈 10만 원이라도 매달 일정한 현금이 유입되는 것을 원했기 때문이다. 그러던 중 미국 배당주 투자에 관심을 갖게 되었고 배당금이야 말로 내가 그리던 월세 받는 삶의 축소판이라는 생각이 들었다.

대부분 1년에 한 번 배당을 하는 국내 기업들과는 다르게 미국은 주주 친화적 기업 문화를 가지고 있어 분기별 배당을 실시하는 기업이 많다. 배당금 지급월에 맞춰 포트폴리오를 조정하면 매월 배당금을 받을 수 있다. 배당 시기가 다른 주식 3종목만 있어도 1년 내내 현금흐름이 생기는 것이다. 예를 들어 1, 4, 7, 10월에 배당을 하는 코카콜라, 2, 5, 8, 10월에 배당을 하는 스타벅스 그리고 3, 6, 9, 12월에 배당하는 맥도날드를 매수한다면 1월부터 12월까지 매달 배당금을 받을 수 있다. 이것도 부담이 된다면 배당금 지급 자체를 매월 하는 기업들도 있어 종목 구성을 잘하면 배당이 끊기지 않는 기쁨을 맛볼 수 있다.

8월 배당금기록

단위 : USD

순서	날짜	종목	티커	배당금	배당금(세전)
1	2020-08-03	버라이즌	VZ	1.56	1.84
2	2020-08-03	AT&T	T	14.59	17.16
3	2020-08-13	애플	APPL	1.45	1.72
4	2020-08-14	리얼티인컴	O	2.18	2.57
5	2020-08-14	오메가헬스케어	OHI	3.99	4.69
6	2020-08-21	스타벅스	SBUX	2.56	3.01
		8월 총계		26.33	30.99

▲ 2020년 8월 배당금 기록

현재는 매달 커피 한 잔 값 정도의 배당금을 받는 것을 시작으로 1년 뒤에는 통신비, 다음은 보험료, 그리고 배당주 투자를 시작한 지 2년이 되는 2022년 6월까지는 월 배당금으로 한 달 생활비를 받는 것을 목표로 하고 있다.

또 한 가지는 온라인 월세이다. 실제 부동산으로 월세를 받을 수 없다면 온라인상의 내 집인 블로그를 통해 월세처럼 현금흐름을 만들어 내는 것이다.

이전까지는 블로그를 나의 일기장 정도로 여겼었다. 속에 담아두었던 이야기를 비공개 글로 조용히 기록해두기도 하고 나의 일상과 가계부를 적어두기도 했었다. 광고 배너가 달리는 블로그였음에도 불구하고 1년 동안 1만 원의 수익도 내지 못했다. 그러다 블로그를 온라인상에서 나의 정체성을 나타낼 수 있는 곳으로 만들어가고 싶어졌다. 블로그 운영에 관한 강의도 듣고 내가 적고 싶은 이야기가 아닌 남들이 알고 싶어 하는 이야기를 적어가며 콘텐츠 생산자의 모습으로 스스로를 변화시키는 중이다. 아직은 시작 단계이지만 꾸준히 성장시켜 1년 뒤, 2년 뒤에는 온라인상에서 월세 받는 삶을 살기를 기대해본다.

4 | 안전자산에 투자하기

우리 집의 경제 상황을 미루어 볼 때 현 상황에서 투자를 논하는 것이 맞지 않았다. 당장 관리비 낼 돈이 부족해서 집에 굴러다니던 온누리 상품권을 급히 중고시장에 올려 거래를 한 적도 있었고, 10만 원도 되지 않는 돈이 부족해서 카드 값이 연체될 뻔한 적도 있었다. 이토록 불안정한 경제 상황 속에서 단돈 10원도 손실이 나면 큰일이었다. 0%에 가까운 이자라도 받으며 원금만 조금씩 굴려 나가는 것이 최선이라고 생각했었다. 가계부 적어가며 마른 수건도 다시 짜는 심정으로 절약생활을 이어간 끝에 생활비를 겨우 줄여 숨통이 트인 것뿐이었다. 미래를 위한 투자를 생각하기보단 당장 다음 달 생활비를 더 걱정했다.

하지만 제로금리 시대에서 언제까지 저축만 하고 앉아 있을 순 없었다. 돈을 모아가는 속도가 빨라지면 대출을 갚는 기간도 단축될 것이다. 무엇보다 아이가 커가면서 교육비가 드는 시기가 되기 전에 지금의 어려움에서 벗어나고 싶었다. 하지만 우리 집 경제 상황에서 고수익 고위험 투자를 할 수도 없었다. 그래서 눈길이 간 것이 대표적인 안전자산인 금과 달러였다. 조금씩 늘어나는 저축 여력에서 아주 일부만 떼어 안전자산인 금이나 달러에 소액으로 투자를 하기 시작했다.

절대 저축 대신 투자를 하자는 것은 아니다. 저축과 투자의 비율이 10:0 이었다면 9.5:0.5 라도 시도를 해보자는 것이다. 수억 원의 빚을 지고도 손에 쥔 종잣돈이 거의 없어도 해볼 수 있는 건강한 투자들이 많이 있다.

💳 생수 한 병 값으로 금 모으기

'금 투자'라고 하면 금고에 쌓여 있는 금괴들을 떠올렸다. 오로지 부자들만의 영역이라 생각했지만 요즘은 1,000원 단위로도 금을 사는 것이 가능하다. 시중은행에서 취급하는 금 통장을 활용하는 것이다. 금 통장은 실물 거래 없이 자유롭게 금에 투자할 수 있는 금융투자 상품이다.

통장의 종류로는 예금 통장, 적금 통장만 있는 줄 알았다. 금 통장을 처음 만들었을 때의 뿌듯한 기분을 지금도 잊을 수 없다. 금 통장의 가장 큰 장점은 소액으로 금을 사고파는 것이 가능하다는 것이다. 신규 가입 시 최소 1g 이상 거래해야 하는 것만 제외하면 이후에는 0.01g 단위로 금을 사고팔 수 있다. 사회 초년생 시절에도 조금씩 투자할 수 있었던 이유이다. 실물 금 1돈(3.75g)을 사려면 현재 기준으로 약 30만 원 정도가 필요하지만 금 통장을 활용하면 생수 한 병 값인 800원만 가지고도 금 0.01g을 살 수 있다. 실물 거래가 아니기 때문에 인터넷 혹은 모바일 뱅킹으로 현금 거래하듯 간편하게 투자할 수 있다.

물론 단점도 존재한다. 매수매도에 따른 거래수수료가 1% 부과되고 매매차익에 대한 배당소득세 15.4%가 원천징수된다. 또한 1온스 단위 달러로 거래되는 국제 금 가격을 1g당 원화 가격으로 환산하여 기준가격을 정하기 때문에 금 시세가 올라 차익을 얻었더라도 만약 환율이 떨어지면 수익률이 줄어든다. 따라서 국제 금 시세뿐만 아니라 환율의 움직임도 신경 써야 하는 비교적 변동성이 큰 상품이다.

골드 입금(사실 때)	

2 입력정보 확인

골드계좌번호	
출금계좌번호	
출금계좌잔액(원)	
상품명	우리골드투자
거래전 이동평균단가(원/g)	
거래전 골드잔액(g)	
거래금액(원)	713원
거래금액(금g)	0.01g(금)
금시세 기준일시	2020.10.13 11:21:22
금 매입가격(원/g)	71,317.63원/g
적요	

▲ 713원으로 금 0.01g을 구입했다

💳 주식처럼 금을 사고파는 법

금을 거래할 수 있는 곳은 다양하다. 종로 금은방 거리에서도 살 수 있고 요즘은 홈쇼핑에서도 금을 살 수 있다. 이러한 거래를 장외거래라고 하는데 KRX금현물시장 장내거래와 반대되는 말이다. KRX금시장은 정부가 금 거래를 양성화하기 위한 목적으로 2014년부터 운영하고 있는 금 현물시장이다.

금을 거래할 수 있는 정식 매장 정도의 느낌으로 이해하면 쉽다. KRX금시장에서 거래를 하려면 증권사를 통해 금현물계좌를 개설해야 한다. 보통 비대면으로 개설이 가능하며 주식계좌를 개설하는 방법과 크게 다르지 않다. 거래하는 방법도 주식을 사고파는 것과 거의 동일하다. HTS나 MTS를 이용해 거래할 수 있고 주식처럼 매수자와 매도자가 동시에 거래에 참여하면서 시장가격이 형성된다. 1g 단위로 거래가 가능해 비교적 소액으로 투자할 수 있다.

앞서 소개한 금 통장을 활용하면 0.01g 단위로 거래할 수 있고, 증권사 계좌를 개설할 필요도 없는데 굳이 KRX금시장에서 거래할 필요가 있을까 하는 분들을 위해 장점을 소개하자면 우선 세금이 부과되지 않는다. 금값이 올라 시세차익을 얻었더라도 세금 없이 고스란히 나의 수익이 된다. 금융종합소득 과세 대상에서도 제외된다. 거래수수료가 발생하기는 하지만 증권사별로 최저 0.165%에서 최고 0.330%로 매우 낮은 편이다.

실물 거래 없이 주식처럼 사고파는 것은 맞지만 매수한 금은 한국예탁결제원에 안전하게 보관이 되고 1kg부터는 실물로 인출하는 것도 가능하다. 때문에 일부 증권사에서는 보관수수료를 부과하기도 한다.

거래 단위가 금 통장의 0.01g보다는 크지만 비교적 소액으로 투자가 가능하며 비과세라는 점과 낮은 거래수수료 등 많은 장점이 있는 금투자 방식이라 생각한다.

📇 투자금 0원으로 금테크 하는법

매월 적립식으로 투자를 할 수도 있지만 내 경우 매일 시세를 체크하고 금액이 낮을 때 소액으로 매수를 하는 편이다. 시세 체크를 하면서 출석

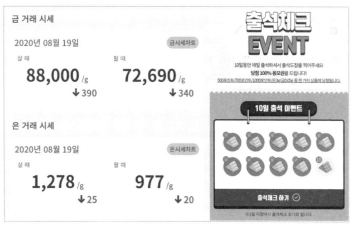

▲ 금테크 어플 금모아

체크로 적립금까지 덤으로 쌓을 수 있는 금테크 앱이 있어 소개한다.

　　아시아골드㈜에서 운영하는 '금모아'라는 앱이다. 출석체크 이벤트에 참여하면 연속 10회 달성할 때마다 100% 당첨 응모권을 지급한다. 금 0.05g, 은 3g. 1,000포인트, 700포인트, 500포인트 중 한 가지를 받을 수 있다.

　　이벤트로 받은 금과 은은 쌓아서 골드바나 실버바 등의 상품으로 출금이 가능하다. 포인트는 현물 구매 시 세공비로 사용이 가능하다. 친구 추천 이벤트도 진행하고 있어서 신규 가입 시 추천인 아이디를 입력하면 추천인 피추천인 모두에게 1,000포인트를 지급한다. 또한 친구에게 추천을 받으면 10회 달성 시마다 은 2g를 지급하고 있다. 매일 시세 체크를 위해 앱에 접속하면서 출석체크를 하면 포인트도 쌓이고 운이 좋으면 금이나 은을 적립 받을 수도 있다.

　　금모아라는 앱이 출시되기 전까지는 '아시아골드'를 통해 시세 확인을 했었다. 아시아골드에서도 마찬가지로 출석체크 이벤트를 진행하는데 금모아처럼 랜덤 당첨 방식이 아닌 적립금 500원으로 고정이

	은 친구추천 10회 달성 2020.09.20	⊕ 2g
은 친구추천 10회 달성 2020.08.31	⊕ 2g
은 출석체크 2020.03.19	⊕ 3g

▲ 아시아골드에서의 출석체크 및 적립금

되어 있다.

　　마찬가지로 10일 연속 출석체크를 해야 하고 중간에 하루라도 빠지게 되면 다시 처음부터 시작해야 한다. 적립금 유효기한이 별도로 정해져 있지 않아서 꾸준히 출석체크를 하면 꽤 많은 적립금을 쌓을 수 있다.

　　적립금은 실물 금 제품이나 실물 은 제품을 구매할 때 현금처럼 사용할 수 있는데 최대 구매금액의 5%까지만 가능하다. 13만 7,000원 짜리 제품을 구매한다고 가정하면 구매금액의 5%인 6,850원이 적립금 최대 사용 가능 금액이 되는 것이다. 적다면 적게 느껴질 수도 있지만 금 거래에 5% 할인을 받는다고 생각하면 괜찮은 혜택이다.

　　금모아와 아시아골드 모두 같은 회사에서 운영하는 것이기 때문에 큰 틀은 비슷하지만 나름의 용도를 구분해서 활용하고 있다. 금모아 앱은 이벤트로 적립금뿐만 아니라 금이나 은으로도 받을 수 있기 때문에 상품 출금을 목표로 꾸준히 이용 중이다. 반면에 아시아골드를 활용하면 실제 금이나 은을 구매할 때 적립금으로 할인 혜택을 받을 수

결제수단

총 주문금액은	137,000 원 입니다

☑ **적립금 사용하기**
보유적립금 :
사용할적립금 :　　　　0 원

(0원 ~ 6850원 까지 10원 단위로 사용가능)

☐ **쿠폰 사용하기**

무통장입금　　　　　　　　　　　　▼

최종결제금액　　137,000 원

:: 입금계좌를 선택하세요 ::　　　　　▼

☐ 주문자와 동일

◉ 영수증　◯ 현금영수증　◯ 세금계산서

결제하기　　이전페이지

▲ 적립금은 금·은 제품 구매 시 사용 가능하다

있다. 골드바나 실버바 이외에도 쥬얼리 제품도 취급하고 있어서 선물 구매 시 지출 방어 용도로 활용한다.

📇 경제위기는 패자부활전

과거 경제위기가 올 때마다 달러의 가치 즉, 원/달러 환율이 무섭게 치솟았다. IMF 외환위기 때는 환율이 2배 이상 올라 달러당 2,000원 가까이 갔었고 2008년 금융위기 때도 달러당 1,500원을 돌파했었다. 반대로 이야기하면 경제위기로 인해 원화의 가치가 그만큼 떨어졌다는 것이다.

달러는 전 세계에서 통용되는 기축통화이기 때문에 대표적인 안전자산으로 꼽힌다. 경제위기가 오고 위태로운 상황에서 사람들을 당연히 원화보다는 달러를 선호할 수밖에 없다. 이런 이유로 달러의 가치가 오르게 된다. 부자들은 자신의 포트폴리오에 일정 비율을 달러나 금 혹은 달러 등 안전자산으로 편입한다고 한다. 경제위기가 오게 되면 달러의 가치가 상승할 것을 알기 때문이다.

역사적으로 봤을 때 10년 주기로 경제위기가 찾아온다고 한다. 이러한 경제위기는 모두에게 어려운 시기이지만 역설적으로 나 같이 평범한 소시민에게는 패자부활전의 기회라고도 생각한다. 10년은 길다면 길고 짧다면 짧은 시간이다. 이 10년이라는 시간 동안 꾸준한 재테크로 총알을 최대한 비축해놓고, 경제위기의 순간 최대의 수익을 올릴 수 있는 투자처를 찾을 수 있는 투자 공부를 해놓는다면 경제위기는 누군가에게 두 번 다시 찾아오지 않을 기회가 될 수도 있다.

예를 들어 경제위기 때 투자로 10%의 수익률을 올렸다면, 1억 원을 투자한 사람에게는 1,000만 원의 수익이 되지만, 100만 원을 투자한 사람에게는 10만 원의 수익이 될 뿐이다. 20%, 30% 아니 50%의 투자처를 찾을 수 있었다면 더 이상 설명할 필요도 없을 것이다.

지난 3월, 코로나19로 전 세계적으로 팬데믹이 선언되며 미국 증시는 폭락했다. 총알이 많았던 사람들은 이 기회를 틈타 우량한 주식을 싼값에 샀을 것이다. 이때가 기회인 것을 알면서도 비축한 총알이 부족한 사람들에게는 그저 그림의 떡이었을 뿐이다. 애꿎은 주식 차트를 보며 '3월에 샀어야 했는데…' 하고 후회해봤자 소용없다. 어쩌면 10년을 더 기다려야 잡을 수 있는 기회일지도 모른다.

패자부활전이 시작된다는 종소리가 들릴 때 자신 있게 자리에서 일어날 수 있는 준비를 당장 시작해야 하는 이유이다. 돈이 많건 적건 중요하지 않다. 아무것도 하지 않으면 아무 일도 일어나지 않는다.

📇 앱테커의 달러 투자법

내가 하고 있는 투자는 대부분 10만 원 미만으로 하는 소액투자이다. 여유자금이 적기 때문에 선택의 여지가 없기도 하지만 어느 정도의 종잣돈을 마련했다 하더라도 소액으로 시작하는 것을 추천한다. 원금보장이 되지 않는 투자 상품의 특성 때문이다. 투자는 잃어도 되는 돈으로만 해야 한다. 그럴 가능성은 희박하지만 100%의 손실을 보게 되더라도 경제 공부를 위한 수업료였다고 위안할 수 있는 정도의 금액으로만 투자한다.

'금'은 장신구로 우리 몸에 지니기도 하고 아기가 태어나면 백일, 돌 선물로도 주는 만큼 친숙한 느낌이었다면 '달러'가 주는 느낌은 그렇지 않았다. 어쩌다가 해외여행을 가면 면세점에서 화장품을 사기 위해 검색해보는 숫자였다. 그러다 미국 주식을 시작하니 달러가 친숙해졌다. 어렵고 복잡하게만 느껴지던 환율이 내 자산 잔고와 연결되니 누가 시키지 않아도 열심히 공부했다. 금 시세와 더불어 매일 환율 체크를 하고 있고 활동하는 카페에 매일 인증도 하고 있다.

이렇게 매일 시세를 체크함으로써 자연스럽게 내 머릿속에 데이터가 쌓이게 된다. 환율에 대해 전혀 관심이 없는 사람에게 오늘 환율을 알려주고 환율이 높은지 낮은지를 묻는다고 생각해보자. 현재 환율의 높고 낮음을 이야기하려면 반드시 기준이 필요하다. '최근 1년'이라는 기준을 두면 쉽게 답할 수 있다. 이러한 기준이 될 수 있는 데이터를 쌓는 것이 바로 시세 체크이다. 내 경우 기간을 정해놓고 최근 동향을 파악한 뒤에 매수 기준 가격과 매도 기준 가격을 마음속에 정해놓는다. 그리고 그 가격에 다다르면 매수를 한다.

달러에 투자하는 방법은 다양하지만 소액투자를 선호하기 때문에 시중은행의 외화 통장과 KB국민은행의 Liiv(리브)라는 앱을 활

		제목	작성일	조회
	2825016	[엽찌] 20.10.12. 환율체크 ☺ [5] ◉	2020.10.12.	43
	2825011	[엽찌] 20.10.12. 금출책 ☺ [6] ◉	2020.10.12.	22
	2822938	[엽찌] 20.10.11. 환율체크 ☺ [6]	2020.10.11.	57
	2822932	[엽찌] 20.10.11. 금출책 ☺ [7]	2020.10.11.	23
	2821724	[엽찌] 20.10.10. 환율체크 ☺ [5]	2020.10.10.	45
	2821723	[엽찌] 20.10.10. 금출책 ☺ [5]	2020.10.10.	19
	2820427	[엽찌] 20.10.9. 환율체크 ☺ [6]	2020.10.09.	61
	2820422	[엽찌] 20.10.9. 금출책 ☺ [6]	2020.10.09.	17
	2818986	[엽찌] 20.10.8. 환율체크 ☺ [7]	2020.10.08.	45
	2818977	[엽찌] 20.10.8. 금출책 ☺ [6]	2020.10.08.	19
	2817085	[엽찌] 20.10.7. 환율체크 ☺ [10]	2020.10.08.	74
	2817009	[엽찌] 20.10.7. 금출책 ☺ [10]	2020.10.07.	17
	2814936	[엽찌] 20.10.6. 환율체크 ☺ [5]	2020.10.06.	27
	2814862	[엽찌] 20.10.6. 금출책 ☺ [5]	2020.10.06.	31
	2812940	[엽찌] 20.10.5. 환율체크 ☺ [7]	2020.10.05.	29

▲ 매일 환율 시세 체크로 데이터를 쌓는다

용한다.

외화 통장을 이용하면 자유롭게 외화를 입금, 출금하는 것이 가능하다. 거래가 되는 통화만 원화가 아닌 외화일 뿐, 일반 입출금 통장과 동일하다. 나는 과거에 은행에 방문해서 이것저것 설명을 들으며 만들었지만 최근에는 스마트폰만 있으면 비대면으로 금방 개설이 가능하다.

나의 원화 통장에서 외화 통장으로 원화를 이체하면 당일 환율이 적용되어 달러로 입금이 된다. 반대로 달러를 원화 통장으로 이체하는 것도 가능하다. 영업점을 방문하면 현찰 달러를 통장에 입금하는 것도 가능하지만 수수료가 발생한다.

소액 거래가 가능하고 이용이 편리하다는 장점은 있지만 달러를 매수하고 매도하는 과정에서 각종 수수료가 발생하고 환율우대가 적은 편이다. 환율로 인한 환차익이 발생했더라도 수수료를 제하면 실제 수익은 줄어들 수 있어 현재는 미국 주식 배당금으로 받는 일부 달러를 모아놓는 용도로만 사용하고 있다.

<   외화계좌로 이체

3 ‖ 이체 정보 확인

이체 통화 및 금액

거래일	2020.10.08
통화	USD
금액	1.00

출금 정보

원화 출금계좌번호	
원화 출금계좌 잔액	KRW
출금 외화금액	USD 1.00
적용환율	1,158.55
원화계좌 출금액	KRW 1,158
수수료 출금계좌번호	
수수료 출금계좌 잔액	
이체수수료	
현찰수수료	

▲ 달러를 바로 외화 통장에 입금할 수 있다

반면 KB국민은행의 리브 앱의 외화 모바일 지갑을 활용하면 수수료도 발생하지 않고 환율우대를 90%까지 받을 수 있다. 서로 다른 통화로 최대 3개의 지갑을 만들 수 있고 각 통화의 한도 내에서 입금과 출금을 할 수 있다. KB국민은행의 일반 입출금계좌에 있는 원화로 달러를 매수하는 것은 외화 통장과 동일하다.

매일 시세 체크를 통해서 원달러 환율의 흐름을 파악하고 달러 매수와 매도 기준이 되는 환율을 정해놓는다. 환율이 그 금액 아래로 내려가면 100달러 단위로 달러를 매수한다. 매수한 달러는 외화 모바일 지갑에 보관이 되며 필요할 때 다시 원화로 출금할 수 있다. 외화 모바일 지갑을 이용해서는 환율 변동에 따른 환차익을 목표로 단기 투자를 한다. 대신 외화 통장에는 안전자산의 측면에서 장기로 보유하기 위한 달러를 보관한다. 외화 통장에서는 외화 모바일 지갑에 없는 이자를 지급하기 때문이다.

출석체크로 소소하게 1원, 10원씩 모으는 앱테커라고 해서 무조건 궁상맞고 짠 내 나는 것은 아니다. 누군가에게는 '고작'이 될 수 있는 1원, 10원을 얻기 위해 기꺼이 투자했던 시간과 노력을 스스로가 가

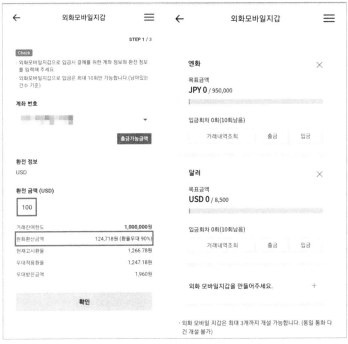

▲ 리브 앱을 이용하면 환전수수료 혜택을 받을 수 있다

장 잘 알 것이다. 그렇게 모은 돈이기 때문에 더욱 가치 있고 허투루 쓸 수 없는 것이다.

투자를 하려면 종잣돈 마련이 우선되어야 한다는 생각을 오랫동안 가져왔다. 투자를 위험한 것으로 생각하고 기피했던 것도 사실이다. 월급을 받아 저축만 열심히 해도 내 집을 마련하고 자녀들 교육도 시킬 수 있었던 부모님 세대에서는 틀린 말이 아니었을 것이다. 은행 금리만 해도 충분히 높은데 굳이 원금 손실의 위험을 감수하면서까지 투자를 하는 것이 위험한 행동이었을 것이다. 내가 열심히 일해서 번 돈을 하루아침에 날려버릴 수도 있으니 말이다. 하지만 0.5%라는 사상 최저 기준금리의 시대에 사는 우리는 상황이 완전히 다르다. 예금금리가 물가상승률조차 방어하지 못하기 때문에 투자를 하지 않는 것이 오히려 우리가 번 돈을 잃게 할 수도 있다.

소액이기는 하지만 안전자산에 꾸준히 투자하는 이유가 바로 이것이다. 장기적으로는 나의 자산가치를 높여줄 수 있고 경제위기가 오면 가치가 하락하는 다른 자산들 속에서 빛을 발할 수 있다.

PART
6

주머니 집
이야기

1 재테크의 0순위

부자가 되고 싶어 하는 사람들에게 왜 부자가 되고 싶은지를 물으면 대부분 제대로 답하지 못한다. 너무나 막연해서일 수도 있고 부자가 되고자 하는 절박함이 부족해서일 수도 있다.

내가 돈을 모으려던 이유는 무엇이었을까 한번 생각해보았다. 그때의 나는 어딘가에 몰두해야 할 필요가 있었다. 그러면서 나의 삶이 헛되지 않았다는 것을 스스로에게 증명해 보이고 싶었다. 매 순간 열심히 살았다고 자부했던 나에게 남편의 투자 실패와 거짓말은 나를 한순간에 무너뜨리기에 충분했다. 억울했다. 믿지도 않는 신을 찾아가며 왜 나에게만 이런 일이 일어나는 거냐며 원망했다. 누구에게라도 내 속을 꺼내어 보이고 위로 받고 싶었지만 누구에게도 이 같은 현실을 이야기할 수 없었다.

이것저것 따져볼 여유도 없었다. 대출 원리금만 하더라도 남편의 월급 전부를 써야 할 정도였다. 생계를 위해 어쩔 수 없이 6개월 일찍 복직해야 할 생각을 하니 어린 딸아이가 마음에 밟혔다. 복직을 할 때 하더라도 이렇게 등 떠밀려 하고 싶지는 않았다. 계란으로 바위 치기가 되더라도 내가 할 수 있는 데까지는 해보아야 한다는 생각으로 절약 생활에 뛰어들었다.

그때는 돈에 대한 나의 절박함 때문이었다고 생각했지만, 사실은 고작 돈 때문에 우리 가정의 행복을 깨고 싶지 않아서였다. 200만 원 남짓한 월급을 포기하고 내 아이와의 시간을 선택했다. 동시에 금전적으로 내가 포기한 것 이상의 성과를 내야만 했다. 당장 200만 원을 벌 수는 없지만 씀씀이를 줄일 수는 있었다. 그러지 않으면 안 되는 배수의 진을 스스로 친 것이다.

가계 소득에서 지출을 제한 금액이 잉여자금이 된다고 했다. 이 잉여자금은 저축이건 대출상환이건 혹은 투자건 우리 집의 순자산을 늘려 부자가 될 수 있는 불씨가 될 수 있다. 소득을 늘리거나 지출을 줄여 이 잉여자금을 늘리는 것이 관건이었다. 내가 할 수 있는 지출 줄이기를 해보자는 마음에서 하나하나 시작했던 앱테크들은 실 지출을 줄여 잉여자금을 늘리게 해주었고 현금 부수입도 만들어 적게나마 소득도 늘릴 수 있었다.

소득을 늘리는 것은 자랑스럽고 지출을 줄이는 것은 창피하고 궁상맞다고 생각하는가? 약간의 번거로움은 소득도 늘리고 지출도 줄여 궁극적으로 잉여자금을 100만 원, 200만 원 늘릴 수 있게 해준다. 누구나 마음만 먹으면 시작할 수 있기 때문에 몇 년이 지나도 오르지 않는 월급에 한탄할 필요도, 나보다 잘나가는 입사동기의 행보에 배 아파할 필요도 없다.

큰일을 겪고 나니 어느 하나 무서운 것이 없었는지 모르겠으나 할 수 있겠다는 자신감이 있었다. 지난달보다 더 적게 쓰고 생활비를 남겨 대출을 갚아 나갔다. 생활비가 줄고 부수입이 늘어나는 즐거운 일상을 살다 보니 시간은 금방 지나갔다. 어린아이를 키우는 엄마로서 내가 처한 상황에서 할 수 있는 가장 쉽고 돈도 들지 않는 선택을 했을 뿐인데 생활비는 8분의1 수준으로 줄었다.

나의 절박함이 단순히 돈을 향한 것이었다면 결코 내릴 수 없었을 결정이었다. 물론 재테크를 하는데 마음이 돈을 향하지 말라는 것은 아니다. 적어도 행복이라는 가치보다 우위에 두어서는 안 된다는 것이다. 각자가 꿈꾸는 행복은 다르겠지만 재테크의 0순위는 결국 행복임을 늘 마음에 새겨두자.

2 수강생의 자리에서 강단까지 354일

절약생활을 시작하고 온라인 재테크 카페에 매일 출근 도장을 찍었다. 처음에는 내가 경제적으로 처한 어려움에 대해 도움을 받고자 함이었으나 그 과정에서 되려 나를 다시 움직이게 할 힘을 얻었다. 많은 사람들이 나의 어려움에 공감해주고 위로해주었다. 함께 아파해주었다. 온라인상에서 글로 이뤄지는 소통이었지만 진심임을 느낄 수 있었다.

이들에게 위로받고 힘을 얻은 것도 있었지만, 동시에 나누어야 할 경험을 공유하고 있기도 했다.

나는 그들과 출발선부터 달랐다. 다른 사람들이 반환점을 돌아올 때쯤에서야 겨우 출발선에 선 것 같았다. 나의 이런 이야기들이 많은 이들에게 원동력이 되어주었다. 꿈에서도 생각하기 싫은 아픈 경험을 날것 그대로 드러내기란 온라인상에서도 쉬운 일은 아니었다. 하지만 어딘가에 분명히 있을, 과거의 나와 같은 누군가에게 힘이 되고자 나의 이야기들을 카페에 하나씩 올리기 시작했다.

매일같이 가계부를 작성해 카페에 인증 글을 남기며 여러 회원들과 소통했다. 관심사가 같은 사람들과의 대화는 언제나 즐겁다. 이런 하루하루가 쌓여 꼬박 1년이 지나갔다. 그리고 드디어 내 이름을 건 첫 재테크 강의를 하게 되었다. 수강생의 자리에서 강단에 서기까지 354일의 시간이 걸렸다. 벅찬 순간이었다.

나처럼 경제적으로 어려운 일을 겪고 어디에도 말하지 못해 카페를 찾은 사람들은 의외로 많았다. 나의 일상을 가계부를 통해 접하면서 금방 어려움에서 벗어날 수 있을 것이라는 희망이 생긴다고 했다. 대단하지도 않은 나의 글을 보기 위해 알림 설정을 해놓고 별거 없는 이야기에도 늘 고맙다는 말을 아끼지 않는다. 정말 감사한 일이다.

살며 많은 것들을 겪고 느끼게 되겠지만 밤을 꼬박 새우고 첫 특강을 듣던 날의 그 설렘과 1년 만에 수강생들 앞에 강사로 서게 된 그날의 벅찬 감동을 한순간도 잊지 않으려 노력할 것이다.

3 주머니 집 이야기

초등학교 2학년 때 처음으로 혼자 새마을금고에 가서 적금 통장을 만들었다. 어른들이 주신 세뱃돈과 용돈을 통장 사이에 끼워 창구에 내밀 때의 느낌은 어른이 된 지금도 잊을 수가 없다. 통장이 닳도록 잔고를 확인하고 또 확인했다. 조금씩 모은 돈으로 5년 뒤 엄마 생신 때 금반지를 선물해드렸다. 어쩌면 그때 처음으로 푼돈이 목돈이 되는 마법을 몸소 깨달았는지도 모른다.

결혼 후에는 돈 관리를 맡아오며 쭉 '주머니 집'이라는 말을 써왔다. '주'는 한자의 주인 주(主), '머니'는 영어의 money이다. '돈의 주인이 되다, 돈의 주체가 되다'라는 의미이다. 돈을 많이 버는 부자의 삶은 아니지만 오늘보다 내일을 더 사랑하며 예쁜 주머니 집을 만들어가자고 약속했다.

'돈'에 대한 마음가짐은 늘 중요하다. 재테크를 하려는 사람에게 있어서는 더더욱 그렇다. 자본주의 사회에서 돈과 떼어놓고 설명할 수 있는 그 어떤 것도 존재하지 않음을 인정하지만 동시에 어떠한 경우에도 돈이 가장 우위에 있을 수 없다고 생각한다. 돈을 좋아하지만 절대 억지로 돈을 좇으려 하지 않는다.

남편의 투자 실패로 집이 경매에 넘어갈 위기를 겪었고, 지금까지도 투자한 돈을 돌려받지 못했지만 인생에 다시는 없을 값진 경험이라 여기고 우리의 힘으로 대출을 갚아 나가고 있다. 결코 적지 않은 돈이지만 돈을 되찾고자 마음만 앞섰다면 돈에 끌려다니는 삶을 살았을 뿐 결코 돈의 주인이 되지 못했을 것이다.

힘든 순간이 없었던 것은 아니었지만 그때마다 내가 꿈꾸던 주머니 집을 생각했다. 조금 오래 걸리더라도 내가 돈의 주체가 되는 삶을 살고 싶었다. 나에게는 그 중심에 가계부가 있었고 앱테크가 있었다. 여러 번의 시행착오를 거쳐 우리 집에 맞는 가계부로 다듬고 월급이 없을 때도 월급을 받는 시스템을 스스로 만들었다. 예측할 수 없는 일에도 대비하고자 적은 돈에도 이름을 붙여주고 조금씩 모아갔다. 당장의 수입을 늘리는 것보다 지출을 줄이는 것이 쉬웠기 때문에 그 길을 택했다. 나보다 앞서 절약생활을 실천해나간 사람들이 남긴 발자국을 나의 방식대로 천천히 따라갔다. 그리고 또 다른 누군가를 위해 나의 발자국을 남기고 있다.

엄마에게 좋은 일이 생겼어

난생처음 출판계약서라는 것에 도장을 찍고 한동안 흥분을 가라앉히지 못했다. 내 이야기를 아는 사람이 없으니 책을 출간하게 된 것을 자랑할 사람 또한 없었다. 출판사와의 인연을 맺게 해준 브런치와 개인 블로그에만 조용히 소식을 전했다. 기념으로 내 이름이 적힌 출판계약서 사진만 열심히 찍었다. 그 모습을 보고 있자니 궁금했는지 한참 호기심도 많고 좋알좋알 잔소리도 많아진 다섯 살 난 딸아이가 물었다.

"엄마, 왜 사진을 찍어요?"

잠시 생각하다 내가 느끼는 지금 이 감격스러움을 그대로 전달하면서 동시에 아이의 눈높이에 맞는 답변을 해주었다.

"응, 엄마한테 좋은 일이 생겨서 사진을 찍는 거야."

이 말을 하는 동안 내 목소리가 조금은 떨렸지만 아이는 알아채지 못한 듯했다. 해주고 싶은 이야기가 많았지만 조금 더 자라면 알려주리라 속으로 다짐했다.

나의 이야기를 글로 적는 것은 언제나 즐거웠다. 누가 시키지 않아도 아무런 대가가 없어도 그저 좋아서 했던 일이다. 많은 사람들에게 읽히고 싶다는 생각도 해보지 못했다. 아직도 내 블로그에 많은 글들이 비공개 글로 일기처럼 남아 있다.

나의 이야기가 책으로 만들어져 세상에 나온다는 것이 어떤 기분일지 상상이 되지 않았다. 다른 출간 작가들의 이야기들을 일부러 찾아보기도 했다. 나도 이렇게 해봐야지 하는 다짐들도 해가며 처음으로 행선지가 정해진 글을 쓰기 시작했다. 하필 그 시기가 육아휴직을 마치고 재택근무로 복직을 한 시기였고 하필 코로나로 세계가 뒤집어진 시기였다. 하필 그랬다. 책이 완성되는 순간까지 가정 보육을 하게 될 줄은 꿈에도 몰랐다. 일과 육아와 집안일을 동시에 하면서 글을 쓴다는 것이 결코 쉽지 않았다. 시간을 내가 원하는 대로 쓸 수 없음에 화가 나고 답답했다. 처음의 설렘은 점점 옅어지고 어느 하나 잡음을 내지 않는 일이 없었다.

눈을 뜨면 아침밥을 겨우 차려놓고 책상으로 돌아와 내내 업무를 보았다. 재택근무라고 하지만 자리를 비우기 쉽지 않았고 어떤 날은 퇴근 때까지 아이 얼굴 한 번 제대로 보지 못했다. 엄마의 관심이 고팠던 아이는 늘 노트북이 덮이길 기다리다 지쳐 잠들었다. 그런 아이를 보며 밤마다 울었다. 우는 시간도 아까워 다시 책상에 앉았다. 내일은 그러지 않으리라 다짐했지만 그러지 못했다. 아이는 무슨 생각을 하며 나를 기다렸을까. 엄마에게 생긴 좋은 일이라는 것에 엄마의 사랑을 빼앗겼다고 생각한 것은 아니었을까.

그동안 몸도 마음도 많이 자랐을 아이에게 다시 이야기해주려 한다.

"엄마에게 좋은 일이 생겼어."